KB091525

제4차 변혁

증강현실과 인공지능이 모든 것을 바꾼다

제4차 변혁

증강현실과 인공지능이 모든 것을 바꾼다

로버트 스코블 · 셸 이스라엘 지음 | 정순욱 옮김

i!i
에이콘

우리에게 인내심을 발휘해 준 매리엄과 폴라에게,
그리고 다음 세대를 이어갈 우리 자녀들과
손자, 손녀들에게 이 책을 바칩니다.

로버트 스코블과 셸 이스라엘은 기술이 가까운 미래에 미치는 영향에 대해 2005년부터 함께, 때로는 독립적으로 연구하고 글을 쓰며 강연해왔다. 이들은 높은 평가를 받는 다음 두 권의 베스트셀러 기술 경영 서적으로 잘 알려져 있다.

- 『블로그 세상을 바꾸다Naked Conversations』(홍성준, 나준희 옮김, 체온365, 2006년): 소셜미디어의 비즈니스 기회를 다룬 책이다.
- 『컨텍스트의 시대Age of Context』(박지훈, 류희원 옮김, 지앤선, 2014년): 모바일, 소셜미디어, 사물인터넷, 데이터와 위치기반 기술 등의 융합이 비즈니스와 고객 사이의 관계에 가져올 결정적 변화를 설명한 책이다.

로버트 스코블은 업로드VRUploadVR의 사내 창업자이자 온라인상의 기술 저널리스트로 가장 유명한 인물 중 하나다. 그는 중요한 기술 발전의 양상과 추이를 초기에 파악하는 인물로 정평이 나 있으며 전 세계적으로 가장 인기 있는 기술 분야 연사 중 한 명이다.

셸 이스라엘은 6권의 책을 저술했으며 「포브스Forbes」, 「패스트컴퍼니Fast Company」, 「비즈니스위크Business Week」 등의 매체에 기고한 바 있다. 그는 남극을 제외한 모든 대륙에서 비즈니스와 기술 콘퍼런스의 기조 연설자로 활동해왔다.

스코블과 이스라엘은 기업들이 이제 시작하는 단계인 4차 변혁에 동참해 그 안에서 성장할 수 있도록 돕기 위해 함께 일하고 있다.

| 옮긴이 소개 |

정순욱

서울대학교 공업화학과 졸업 후 동 대학원에서 공학박사 학위를 받고, 텍사스 주립대에서 경영학 석사 학위를 받았다. 에이콘출판사에서 펴낸 『프리젠테이션 젠』(2008년), 『프리젠테이션 젠 디자인』(2010년), 『디자인으로 승부하는 프리젠테이션』(2011년), 『resonate 공감으로 소통하라』(2013년) 등을 번역했다.

이메일: soonuk@gmail.com

블로그: www.soonuk.com

인터넷은 사람과 사람의 연결을 폭발적으로 증대시켰습니다. 자그마한 센서가 서로 정보를 주고 받는 사물인터넷 시대가 되면 이제는 사물과 사람, 사물과 사물, 그리고 현실과 가상 사이의 연결이 폭발적으로 늘어나고, 그 안에서 생겨나는 엄청난 양의 정보를 소화해내기 위해 인공지능이 활용될 것입니다. 흔히 제4차 산업혁명이라 부르는 거대한 변화는 이러한 기술 발전을 배경으로 하고 있습니다.

이 책의 저자 로버트 스코블과 셸 이스라엘은 제4차 산업혁명이 영향을 미치는 다양한 영역 중에서도 특별히 사람과 컴퓨터가 만나는 접점interface을 둘러싸고 일어나는, 변혁과도 같은 커다란 전환transformation에 초점을 맞추고 이 책을 썼습니다. 저자들은 향후 5~10년 이내에 사람과 컴퓨터의 상호작용은 현실과 가상이 융합된, 혼합현실mixed reality이라고 부르는 새로운 경험 안에서 이뤄질 것으로 내다보고 그 기대와 전망, 그리고 우려되는 점을 이 책을 통해 독자들과 공유합니다.

이 두 명의 저자는 미래를 연구하는 기술 마니아tech enthusiast라고 할 수 있습니다. 이들은 마니아답게 자신들의 열정을 공유하는 데에도 열심입니다. 이 책을 준비하는 2년의 기간 동안, 가상현실과 증강현실 관련 산업을 종횡무진 찾아다니면서 열정적으로 연구하고 조사한 흔적이 이들의 페이스북 페이지에 고스란히 남아 있을 뿐 아니라 지금도 그들의 노력은 계속되는 중입니다. 로버트 스코블과 셸 이스라엘 각각의 페이스북 계정에 하루에도 몇 건씩 새로운 소식들이 올라오는 것을 보면 진정한 마니아라는 생각이 듭니다.

　이들은 다가오는 가상현실, 증강현실 산업에 대해 특별히 비즈니스 리더, 경영자들의 관심을 환기시키고자 이 책을 썼습니다. 이 분야에서 어떤 일이 일어나는지, 그리고 그 변화가 비즈니스에 어떤 영향을 미칠지 감을 잡을 수 있도록 돕고자 함이 이 책의 목적입니다. 그래서 이 책은 기술적인 세부 사항보다는 커다란 흐름을 중심으로, 다양한 영역에 대한 시사점을 다루고 있습니다.

　이 책의 마지막 장에서 저자들은 아이폰이 출시되기 직전인 2006년의 이야기를 꺼내면서 그 당시 각광을 받았던 인기 제품들이 얼마 지나지 않아 어떤 운명을 맞이했는지를 조명합니다. 저는 그 부분을 읽으면서 우리가 애써 예측하려는 미래는 결코 생각대로 진행되지 않는다는 사실을 숙연한 마음으로 되새겨 보았습니다. 저자가 말하는 변혁과 같은 커다란 전환은 결국은 일어나겠지만 그것이 구체적으로 어떻게 전개될지는 그 누구도 확언할 수 없을 것입니다. 그렇기 때문에 저는 이 책에서 언급하는 주요 제품들과 회사들의 앞으로의 행보를 더욱 큰 기대와 흥미를 갖고 지켜보려 합니다.

"충분히 발달한 과학 기술은
마법과 구별할 수 없다."

아더 C. 클라크

1부 게임체인저

2부 비즈니스의 변화

3부 세계의 변화

절대라는 말은 NO!

강연을 할 때면 저는 종종 청중에게 '절대로'라고 말한 적이 있는지를 떠올려 보라고 묻습니다. 예를 들면 "블로그 따위는 절대 안 해", "페이스북은 절대 안 해", "스냅챗은 절대 안 쓸 거야" 등의 표현을 쓰는 경우가 해당되겠지요.

최근에는 사람들이 절대 하고 싶지 않다고 말하는 대상에 증강현실 글라스나 가상현실 체험 등이 새로 추가되었습니다.

저는 사람들이 "별거 없을 거야"하며 거들떠 보지 않던 대상들을 오히려 눈여겨보는 습관 덕분에 저의 사업과 명성을 키울 수 있었습니다. 저는 가족 소유의 와인 가게를 6천만 달러 규모의 사업으로 키웠고, 그 다음에는 수백 명의 직원을 고용하는 디지털 에이전시를 세워 전 세계 유명 브랜드의 일을 돕고 있습니다. 이것은 시장에서 무시당하거나 관심 밖에 있던 새로운 기술에 주목한 덕분입니다.

많은 사람들이 눈여겨보지 않던 가상현실^{VR}, 증강현실^{AR}, 그리고 이들의 사촌 뻘인 혼합현실^{MR} 등의 기술이 요즘 새롭게 떠오르고 있습니다.

이 책에서 제 친구인 로버트 스코블과 셸 이스라엘은 사람들이 대수롭지 않게 여기던 이런 신기술이 앞으로 여러분의 사업에 어떤 영향을 끼치게 될지를 설명합니다. 이 글을 쓰던 2016년 9월, 가상현실이니 웨어러블 기술이니 하는 신기술이 거추장스럽고, 볼품없고, 괴짜스럽다는 의견을 많이 들어보셨을 것입니다. 게다가 가격도 비싸면서 특별히 주목할만한 기능은 없다고 말입니다.

만약 여러분이 소셜미디어에 대해 시큰둥한 태도를 취했던 과거의 많은 사람들처럼 행동한다면, 다시 말해 새로운 형태의 소통방식과 기술을 과소평가한다면 소비자들이 어떻게 달라지는지 배울 수 있는 엄청난 기회를 놓칠 뿐 아니라 여러분의 사업이 문을 닫게 될 수도 있습니다.

왜 그럴까요?

혼합현실 글라스는 글자 그대로 인간의 삶 전체를 바꾸려고 합니다. 포켓몬 고Pokemon Go는 그 중 하나의 중요한 신호탄이었으며, 인간의 삶을 영원히 바꿔놓을 증강현실의 맛보기에 불과했습니다. 포켓몬 고는 사람들이 가상의 캐릭터를 찾기 위해 길거리로 나가게 만들었습니다.

혼합현실은 이런 변화에 속도를 더할 것입니다. 이 글라스를 쓰면 일상 생활 위에 온갖 놀라운 장면들이 겹쳐져 보일 테니까요. 이미 몇몇 기술 회사들은 가상 모니터에서 업무를 볼 수 있게 하고, 가상의 홀로그램을 통해 게임을 즐기고, 360도 입체 영상을 통한 새로운 엔터테인먼트를 제공하고 있습니다.

물론 저는 아직 이런 혼합현실 글라스를 쓰고 시내를 돌아다니지는 않지만, "이런 거 소용없어"라든지 "다음에 생각해볼게" 등의 표현은 사용하지 않습니다. 저는 소셜 네트워크와 소셜 플랫폼에 발 빠르게 진출한 덕분에 사업을 성장시켰습니다. 저는 이미 이 기술이 향후 10년간 발휘할 잠재 가치에 주목하고 있습니다. 만약 스코블과 이스라엘이 예상하듯이 이 기술이 발전된다면 저는 틀림없이 크게 투자할 작정입니다.

마크 저커버그는 어느 누구도 관심을 기울이지 않던 오큘러스 리프트^{Oculus Rift}를 인수하는데 수십억 달러를 지불했고, 애플의 증강현실에 집중하는 여러 회사를 사들였습니다. 만약 여러분이 이런 뉴스에 무심하다면 손해를 자초하는 것입니다. 가상현실 헤드셋을 써 볼 기회가 있다면 놓치지 말고, 그저 뭘 하는 장치인지 경험이라도 해보면 좋겠습니다. 그리고 이것이 미래에 어떤 의미를 가질지에 대해 생각해 보십시오. 이 기술은 뉴스, 스포츠, 영화, 음악, 게임, 그리고 성인 오락에 이르기까지 미디어 산업을 통째로 바꿀 것입니다.

게임과 엔터테인먼트 외에도 산업체들이 가상현실과 증강현실 기술을 실제로 활용하고 있다는 사실도 우리에게 시사하는 바가 많습니다. 캐터필러^{Caterpillar}는 작업자들의 트랙터 유지 보수 교육에 증강현실을 이용합니다. 포드^{Ford}는 자동차 디자인에 가상현실을 이용하며, 세포라^{Sephora}는 가상 립스틱과 아이라이너로 휴대폰에서 화장해 볼 수 있게 합니다. 그 외에도 수많은 사례를 이 책에서 소개하고 있습니다.

스냅챗을 이용하는 친구들에게 증강현실 기술이 얼마나 흥미로운지 한번 물어보십시오. 당신은 친구들의 입에서 쏟아지는 무지개를 볼 수 있을 뿐 아니라 마케터들에게 멋지고 수익성 높은 기회를 제공합니다.

새로운 스마트 글라스가 TV 시청 경험을 얼마나 획기적으로 바꿀지는 불 보듯 뻔한 일입니다. 공항 대합실에서 앉아 있는 동안 주변에 여러 개의 가상 화면을 펼쳐놓고 좋아하는 스포츠 경기, TV 드라마, 온라인 동영상 등을 틀어 놓을 수 있습니다. 주위에 실제 TV 세트가 없어도 말이죠.

이 글라스를 끼고 뉴욕 제츠^{New York Jets} 팀의 미식 축구 시합 같은 스포츠 경기를 보러 간다고 상상해 봅시다. 당신은 이제 한 차원 높은 수준의 선수 정보를 볼 수 있습니다. 심장 박동수, 혈중 산소 농도부터 타격 강도에 이르기까지 다양한 정보가 눈 앞에 보이는 선수 위에 표시됩니다.

미식축구연맹NFL은 경기에 사용되는 미식축구공에 센서를 삽입하기 시작했습니다. 언젠가는 집에 앉은 채 경기장에 들어가 있는 경험을 하게 될 것이며, 모든 것이 가상 체험으로 이뤄질 것입니다. 그 다음은 어떻게 될까요? 내 친구 스코블과 이스라엘은 새로운 혼합현실 미디어의 세계가 펼쳐질 것이라고 말합니다.

재미있어 보이지 않나요? 거기에서 그치지 않고 스마트 글라스를 쓴 채 음식을 주문하고 배달시킬 수도 있다면 어떨까요? 이런 변화는 그 자체로 끝나는 것이 아닙니다. 이 시장의 발전과 더불어 엄청난 사업 기회가 새롭게 펼쳐질 것입니다. 저는 그 시장에 먼저 진출하려는데, 여러분도 함께 하실 수 있기를 바랍니다.

포켓몬 고는 향후 5년간 적용될 중요한 두 가지 교훈을 우리에게 가르쳐 주었습니다.

1. 모두가 좋아하는 추억의 브랜드에 신기술이 결합되면 그 파급 속도가 엄청나다.
2. 기술 산업이 구축해 놓은 플랫폼 덕분에 사람들이 새로운 기술을 구입하고 이용하는 데 불과 일주일도 걸리지 않는다.

이것은 사람들의 기대를 획기적으로 바꾼 것입니다. 세상의 속도는 빨라졌습니다. 포켓몬 고 게임 참가자를 환영하는 안내문을 매장 앞에 붙여놓으니 매출이 늘어나는 현상을 목격했습니다. 그런 종류의 호객행위는 제 마음에도 쏙 들더군요.

　여러분 사업의 그 어떤 부분도 이 신기술의 파도를 비껴갈 수는 없습니다. 그리고 저 같은 창업자에게는 새로운 기회를 의미합니다. 저는 변화에 무심한 회의론자들을 무시하고, 이 신기술을 적극적으로 시험해 보고 남보다 앞서 사용해 볼 것입니다. 제가 이메일, 유튜브, 블로그, 트위터, 스냅챗을 썼던 것처럼 말입니다. 그 덕에 제 브랜드와 사업을 키워낼 수 있었으니까요.

　당신이 이 책을 펼친 걸 보면 적어도 이 새로운 기술이 무엇인지, 그리고 제4차 변혁이 무엇을 말하는지 궁금한 게 틀림없습니다. 이어지는 페이지에서 저자들이 그 해답을 제공해 줄 것입니다.

　끝으로 사업가라면 누구나 이해할 수 있는 방식으로 이야기를 풀어내고, 향후 수십 년간 일어날 일들을 미리 내다볼 수 있도록 제 친구인 로버트와 셸 두 사람이 이 책을 써 낸 것에 찬사를 보냅니다.

　아, 한 가지 더. 여러분이 "결코 하지 않을 거야"라고 생각했던 일들을 더 많이 시도해 보시길 기대합니다.

개리 베이너척(Gary Vaynerchuck),
베이너미디어(VaynerMedia) 창업자 & CEO

무엇을 변혁시킬 것인가?

> "컴퓨터는 인류 역사상 발명된 다른 어떤 것들보다
> 더 빠르고 더 많은 실수를 하게 만든다.
> 단, 권총과 데킬라를 제외하고 말이다."
>
> —미치 래트클리프(Mitch Ratcliffe), 디지털 사상가

태초에 메인프레임이 있었다. 메인프레임 컴퓨터는 펀치카드를 넣어 주는 소수의 고학력 과학자들과 엔지니어들하고만 소통했다.

이후 모든 상황이 바뀌기 시작했다.

처음에 우리는 그 변화를 패러다임의 전환이라고 불렀다. 그런데 마케터들이 그 표현을 가져가서 질리도록 사용해댔다. 그래서 이 책에서는 그 표현 대신 변혁Transformation이라는 표현을 쓰기로 했다. 그리고 메인프레임을 변혁의 출발점으로 삼기로 했다.

지금까지 그런 변혁은 세 번 일어났다. 첫 번째 변혁은 1970년대에 사람들이 텍스트 문자를 이용해 컴퓨터와 직접적인 소통을 시작하면서 시작됐다. 이 변혁은 IBM이 마이크로소프트와 MS-DOS 운영체계의 사용계약을 맺으면서 정점을 찍었다. 이를 계기로 더 많은 사람들이 컴퓨터를 더욱 개인적인 용도로 사용할 수 있게 됐다. 컴퓨터 환경은 클린 룸에서 데스크톱으로, 사용자층은 기술 전문가에서 지식 노동자로 그 중심이 이동했다.

두 번째 변혁은 그래픽 유저인터페이스^{GUI}와 함께 시작됐다. 1984년에 애플이 매킨토시를 출시하고 수년 후 마이크로소프트 윈도가 그 뒤를 따랐다. GUI는 월드와이드웹^{WWW}으로 가는 디딤돌이었고, 이 변화는 사람들이 개인용 컴퓨터로 훨씬 더 많은 일을 할 수 있게 해줬다.

세 번째 변혁은 2007년에 등장한 아이폰, 그리고 뒤이어 나온 안드로이드 폰과 함께 시작됐다. 터치 인터페이스가 주된 상호작용 방식으로 자리잡았고 모든 사람, 모든 지역의 개인 컴퓨팅 방식을 바꿔놓았다.

이들 변혁이 일어날 때마다 많은 회사가 무명 신세를 벗고 각광받는 존재로 발돋움한 반면, 명성 있는 기업들은 사라져 버리는 일들이 일어났다.

GUI의 등장 이후, DOS 시대의 5대 소프트웨어 회사 중 두 곳인 워드퍼펙트^{WordPerfect}와 비지컬크^{VisiCalc}를 만든 소프트웨어 아츠^{Software Arts}는 사라지고 말았다. 한편 터치 인터페이스는 버튼식으로 작동되는 노키아와 블랙베리 폰을 거의 죽을 지경으로 만들었다.

오래된 기술들과 새로운 기술들 사이에는 겹치는 부분이 있기 마련이다. GUI의 등장 이후 DOS는 몇 년간 버티다가 무대에서 사라졌다. 그리고 아직까지는 상당량의 업무와 엔터테인먼트가 데스크톱 맥과 PC로 이뤄지고 있다.

하지만 오늘날 디지털 생활의 중심은 데스크톱에서 휴대용 소형 기기로 옮겨갔다. 이는 갑자기 일어난 일이 아닐 뿐더러 모든 사람이 한꺼번에 새로운 기기로 바꿔 탄 것도 아니다. 사람들이 이메일 사용을 조금씩 줄이는 대신에 문자 메시지를 조금씩 더 많이 보내면서 서서히 변한 결과다.

우리는 이제 제4차 변혁의 여명을 맞이하고 있다. 이 변혁의 단계에서 기술의 중심 개념은 '휴대'에서 '착용'으로 이동할 것이다. 사용자 인터페이스는 손가락을 갖다 대는 스크린에서 사용자가 실제로 만지고 느낄 수 있게 컴퓨터로 만든 이미지로 이동하며, 손가락 대신 눈을 이용해 가상의 키보드를 훨씬 빠른 속도로 입력하게 된다. 이전의 혁신 단계에서는 기술과 인간 사이의 인터페이스 변화가 주축을 이뤘다면 이제는 경험이라는 요소가 중심이 되며, 이것이 모든 변화의 핵심을 이룰 것이다.

뉴스 기사를 보면 마치 이런 변화가 빠른 속도로 진행 중인 것처럼 보이지만 아직 모든 곳에서 변화가 일어나고 있는 것은 아니다. 사실 이전 단계의 변혁인 모바일 환경에 적응하기에 급급한 사람들과 사업도 존재한다. 제4차 변혁이 전개되는 데는 10년 가량이 걸릴 것이다.

이런 변혁은 신기술의 등장이나 여타 기술의 쇠퇴뿐만 아니라 더 젊은 세대의 등장과 기성 세대의 쇠퇴와도 관련이 있다.

진정한 변혁이 일어나려면 기술 변화만으로는 불충분하다. 기술 변화와 함께 문화도 변해야 한다. 사람들이 기술을 대하는 방식이 달라져야 하듯 당신이 동업자, 주주들, 직원, 그리고 고객을 상대하는 방식도 변해야 한다.

어디를 바라보든 우리는 지각변동 수준에 맞먹는 변혁의 조짐을 목격하고 있다. 홀로렌즈 해커톤 HoloLens hackathons에서 패기 넘치는 젊은 개발자들이 입이 딱 벌어지게 만드는 기막힌 증강현실 앱을 만들어내는 모습에서 그런 변혁의 조짐을 목격한다. 게다가 이런 앱은 스마트폰이나 데스크톱에서는 제대로 구현되기 어렵다.

전혀 예상치 못한 곳에서, 처음 들어보는 이름의 회사가, 아직 존재하지 않는 제품에 대해 무려 13억 달러에 달하는 투자를 받았다는 소식을 들을 때 변혁의 낌새를 느낀다. 그것도 누가 사용자층이 될지도 전혀 모르는 상태에서 말이다. 이 책이 나올 즈음에는 매직 리프Magic Leap가 이미 널리 알려진 이름이 됐거나 거의 그 수준에 이르렀을지도 모른다.

국제전자제품박람회CES 전시장에서 HTC 바이브나 오큘러스 리프트 등 생소한 이름의 신형 가상현실 헤드셋을 써보겠다고 들뜬 소비자들이 장사진을 이루는 모습에서 우리는 그런 변혁의 조짐을 본다. 이들은 신형 아이폰 출시일에 맞춰 애플스토어 밖에 줄지어 기다리는 소비자들을 연상시킨다.

기술적 관점에서 제4차 변혁은 가상현실, 증강현실, 그리고 혼합현실 기술이다. 혼합현실 글라스는 자율 운행 차량, 드론, 로봇, 사물인터넷을 움직이고, 더 나아가 현실과 컴퓨터가 그린 환영 사이의 경계를 흐린다. 우리는 의자에 앉아 화면 위 영상을 수동적으로 바라보기만 하는 대신 그 안에 빠져들어 자유로이 탐험할 것이다.

이런 새로운 장비의 디지털 혈관을 타고 흐르며 가상의 심장과 두뇌를 이루는 것은 인공지능AI, artificial intelligence이다. 이 책에서는 기반 기술보다 기기에 관해 더 많은 이야기를 하겠지만 제4차 변혁을 구현하는 핵심 비법은 인공지능에 있다.

비즈니스 관점에서 보면 이 변혁의 핵심은 더 높은 정밀도, 생산성, 효율성, 안정성이며, 비즈니스와 고객이 서로 소통하는 전혀 새로운 방식이다.

사회적 관점에서 보면 이 변혁은 더 나은 학습 방법, 뉴스를 접하는 더 나은 방법, 새로운 사람을 만나며 특정 언어에 구애됨이 없이 누구나 이해할 수 있는 시각적 소통방법 등을 포함한다.

이 변혁은 이 모든 것을 포함한 그 이상이다. 근본을 바꾸는 세계적인 변혁이다.

그걸 어떻게 아느냐고? 전통적인 사업가라면 이 주장을 뒷받침할 통계 자료를 원하겠지만 아직 우리에겐 그런 자료가 없다. 그 이유는 통계란 이미 일어난 일을 근거로 만들어지기 때문이다. 우리는 이 책을 쓰는 과정에서 최고의 재능을 가진, 열정적이고 미래지향적인 사람들이 지금 현재 무엇을 개발하고 있는지 알아내고자 전 세계를 돌아다녔다.

우리는 소매유통업, 산업체, 의료, 교육 분야의 최고 전략가들과 의견을 나누고 그들이 시작한 프로젝트에 대해 들었다. 그들은 해당 프로젝트의 결과에 대해 조심스런 희열을 느끼고 있었다.

우리는 우리 자녀와 손자들, 그리고 알고 지내는 아이들을 관찰하고 대화를 나눴다. 왜냐하면 아이들이야말로 가까운 미래를 이해하기 위한 최고의 방편이기 때문이다.

제4차 변혁은 이미 시작됐다고 우리는 확신하며, 이것은 비즈니스와 삶을 바꿔놓을 것이다. 이 힘은 멈출 수도 없고, 멈춰져서도 안 된다. 이 변혁은 지금보다 더 좋고, 더 건강하고 안전하며, 더욱 풍부한 정보를 제공하는 세상을 약속한다.

그렇다면 이 책은 누구를 위한 책인가? 왜 읽어야 하는가?

우선 우리는 기술의 발전을 이해하려는 비즈니스 의사결정권자를 위해 가까운 미래를 전망하는 책을 쓴다. 이를 통해 사업의 진행 방향을 적절하게 조정할 수 있다. 우리는 기업들이 소규모 프로젝트를 시작하는 데에 필요한 정보와 아이디어를 제공해 이 순간 잠재된 기회를 이해할 수 있도록 돕고자 한다.

오늘날 비즈니스 의사결정자들이 직면하는 어려움 중 하나는 기술 변화의 흐름을 소비자들보다 앞서 나가되 지나치게 멀리 앞서 나가지는 말아야 한다는 점이다. 이 책의 독자들이 제4차 변혁으로 나아가는, 길지만 빠르게 움직이는 여정을 시작할 수 있게 정보와 아이디어를 제공하려 한다.

이 책은 세 부분으로 구성된다.

1부에서는 기술과 사람들의 변화를 다뤘다. 가상현실이 게임과 엔터테인먼트를 어떻게 바꾸고 있는지, 수 년간 기업에서 증강현실이 어떻게 활발하게 사용돼 왔는지, 그리고 새로이 등장한 두 세대가 기술을 대하는 새로운 태도가 고객으로서, 직원으로서, 그리고 경쟁자로서의 행동을 어떻게 바꿀지를 이야기한다.

2부는 비즈니스의 네 영역, 즉 소매유통업, 산업체, 의료, 교육 분야에서 이미 진행 중인 변화를 다뤘다. 우리가 개인의 삶 속의 여러 기기를 대하는 방식을 인공지능이 어떻게 바꾸고 있는지를 설명한다. 우리는 이들 스마트 기기를 디지털 요정이라고 부르는데, 왜냐하면 그들이 우리의 소원을 이뤄주기 때문이다. 그러나 여기엔 대가가 따르는데 디지털 기기가 우리 주변의 그 누구보다 우리에 대해 더 많은 것을 알게 된다는 점이다.

3부는 사회 전반적인 시사점을 고찰한다. 우선 사생활 침해 문제, 일자리 상실, 그리고 현실과 환상의 구별 능력이 사라질 수 있다는, 우려 섞인 가능성을 살펴본다. 좋든 나쁘든 제4차 변혁은 피할 수 없으며 당신의 경쟁자보다 앞서, 당신의 첫 고객이 혼합현실 헤드셋을 쓰고 가게에 들어오기 전에 이를 준비하는 것이 현명하다고 결론짓는다.

한 가지 밝혀둘 점은 이 책은 두 명의 저자가 쓴 책이다. 둘 중 한 사람에게만 해당되는 이야기를 할 때는 마치 제삼자의 이야기를 하듯이 각자의 이름(스코블과 이스라엘)을 사용하겠다.

이 책을 다 읽고, 미래의 진로를 조정할 수 있는 정보와 아이디어를 얻어 당신과 당신의 사업이 다가올 제4차 변혁에서 크게 성공하길 희망한다.

로버트 스코블
셀 이스라엘
2016년 11월

1부

게임체인저

"무한한 공간 저 너머로!"

– 버즈 라이트이어, 영화 「토이스토리」의 주인공

1장

저커버그가 본 것은

"어떤 것들은 믿어야만 보인다."

– 가이 가와사키, 기술 전도자, 작가

2016년 4월, 1,700명의 개발자, 사업 파트너, 기자들이 모인 페이스북 연례 개발자회의 F8 콘퍼런스에서 마크 저커버그가 연단에 섰다. 이와 동시에 10만 명의 사람들이 온라인으로 현장 중계를 시청하고 있었다.

그의 트레이드마크인 회색 티셔츠와 청바지 차림으로, 큼지막한 마이크를 들고 서 있는 그의 모습에서 여유와 열정이 동시에 묻어났다. 이것은 그의 연설 중 가장 길었고, 많은 이들에게 최고의 연설로 평가되었다.

그는 페이스북이 향후 10년간 나아갈 방향에 대해 설명했다.

발표 중반쯤 저커버그는 기술의 발전 방향에 대한 자신의 관점을 피력하던 중 아주 평범해 보이는 안경 사진을 화면에 띄웠다. 점잖은 박수 소리가 들렸지만 놀란 표정은 없었다. 워비 파커^Warby Parker 같은 온라인 안경점에서 흔히 볼 수 있을 법한, 그저 테가 살짝 두꺼운 안경이었으니 말이다.

하지만 저자인 우리는 회심의 미소를 지었다. 시가 총액 세계 6위 기업의 대표가 우리의 전망을 확인해 준 셈이었으니 말이다. 즉 페이스북은 제4차 변혁으로 진로를 조정하고 있음을 공개적으로 알린 것이다. 페이스북은 새로운 시대, 공상과학 소설이 그렸던 방식으로 인간과 지능형 기계가 서로 상호작용하는 시대로 진입하고 있었다. 이 점은 구글, 마이크로소프트, 애플, 소니, 삼성, 스냅챗, 닌텐도, 레노보, 알리바바, 텐센트 등도 마찬가지였으며, 자금이 넉넉한 수많은 스타트업 회사들도 이에 동참하고 있음은 물론이다.

이날 저커버그가 언급한 내용은 업계 관계자들에게는 그다지 새로운 소식이 아니었다. 페이스북과 여러 회사들은 이미 이 방향으로 많은 투자를 하고 있었다. 평범해 보이는 그 안경 이면에는 세계 최고 사상가들의 최고 작품, 세계에서 자금이 가장 넉넉한 이들의 엄청난 투자, 가장 어려운 제품 디자인 문제에 대한 해결책, 그리고 점점 더 많은 사람이 공유하는 비전이 있다. 그 비전이란 저커버그가 선보인 스마트 글라스 같은 기기가 2025년까지 많은 혜택을 제공하며, 대부분의 사람들이 2016년의 스마트폰보다 이 기기를 더 많이 사용하게 되리라는 점이다.

물론 연단 위의 저커버그가 이 일을 시작한 것도 아니며 세상이 스마트 글라스에 대해 처음 들은 순간도 아니었다. 가상현실VR, virtual reality과 증강현실AR, augmented reality 헤드셋은 2016년에 이미 큰 뉴스거리였다.

소니 플레이스테이션 VR, 오큘러스 리프트, HTC 바이브 헤드셋 등의 가상현실 글라스는 사용자들을 가상의 세계에 빠져들게 한다. 이때 사용자들의 실재 환경은 가려진다. 한편 증강현실은 사용자의 주변 현실에 유용한 데이터나 흥미로운 이미지 같은 가상 콘텐츠를 덧붙여 사용자의 경험을 향상시킨다. 증강현실에서는 현실과 환영을 구분하는 것이 가능하다.

한편 마이크로소프트의 홀로렌즈나 메타2 등이 제공하는 혼합현실은 컴퓨터 이미지와 현실을 절묘하게 결합해 둘 사이를 구분하기 어렵게 만든다. 가상현실과 증강현실은 혼합현실에 있어 필수요소다. 현재 업계에는 너무나 많은 용어가 난무해 혼란스러운 상황인데, 우리 예상으로는 시간이 지나면 혼합현실^{MR, Mixed Reality}이 전체를 대표하는 용어가 되리라 본다.

스마트 글라스는 혼합현실 글라스가 돼 2020년쯤이 되면 저커버그가 보여준 모습에 가까워질 것이다.

오늘날의 혼합현실 글라스는 흥미롭긴 해도 덩치가 크고 상대적으로 비싸다. 그 중 일부는 컴퓨터 콘솔에 연결하거나 컴퓨터를 등에 지고 다녀야 쓸 수 있다. 가상현실 헤드셋은 주변을 볼 수 없게 만든다. 만약 가상현실 헤드셋을 쓰고 길을 걸어간다면 다윈 상^{Darwin Award} 후보가 될지도 모를 일이다.

기기로 말하자면 저커버그가 말하는 스마트 글라스는 눈에 보이는 현실을 향상시키는 기기의 궁극적 지향점이다. 사람들은 스마트 글라스를 주로 혼합현실용으로 사용하겠지만, 이와 동시에 이를 게임, 엔터테인먼트, 학습, 건강을 비롯한 기타 용도로 사용할 수 있다.

빠르면 2020년에 그런 장치를 볼 수 있으리라 기대하는데, 아마도 나오자마자 쓰나미처럼 폭발적인 판매로 이어질 것이다. 스마트폰에서 헤드셋으로의 이동이 스위치 내리듯 순식간에 일어나기는 어렵다. 대부분의 사람들은 아마도 오락이나 건강보조 같은 한 가지 이유 때문에 새로운 기기를 구입할 것이며, 그 이후에 스마트 글라스를 사용해야 하는 이유를 추가로 찾아내리라 본다. 스마트폰 이용을 조금씩 줄이고 글라스 이용 시간은 늘려나갈 것이다.

2025년이 되면 사람들은 훨씬 더 많은 시간을 스마트 글라스를 사용하며 보내고, 앞서가는 회사들은 한물간 모바일 앱 개발 대신 최첨단 혼합현실 앱 개발에 노력을 기울일 것이다.

스마트 글라스

스마트 글라스의 렌즈는 일반 안경의 모습과 비슷할 것이다. 시력 교정이 필요함 사람들은 혼합현실 기능이 내장된 안경을 가질 수 있게 된다. 나노 기술 화면이 내장된 이 안경을 쓰면 마치 2미터 앞에 HDTV급 이상의 화면 해상도를 가진, 90인치 TV가 있는 느낌을 받는다.

스마트 글라스의 활용 방식 중에서 특별히 마법 같은 기능이 있다. 사용자 시야에 들어온 물건을 컴퓨터로 만든 이미지로 대체하고, 사용자가 실제로 만지거나 조작할 수 있게 된다.

안경테 안에 연산과 그래픽 처리 장치, 전원, 와이파이와 블루투스 연결 기능이 모두 내장돼 전력 소모량은 극히 낮아진다. 당신의 글라스는 무선으로 사물인터넷과 연결되고 머신 러닝machine learning 기능을 사용해 사용자를 점점 더 많이 파악하게 돼 손짓, 음성 명령, 또는 자연스럽고 간단한 눈짓만으로 온라인 쇼핑을 할 수 있을 것이다.

물론 스마트 글라스는 오늘날 스마트폰의 기능을 구현하게 된다. 실제로 눈 위에 쓰는 컴퓨터인 헤드 마운트 디스플레이HMD, head-mounted display 구입을 고려하는 단계에 앞서 수백만 명의 사용자들은 이미 스마트폰에서 구현되는 증강현실과 가상현실 기능에 익숙해진 상태다.

사람들이 스마트폰보다 HMD를 더욱 선호하게 될 이유는 다양하다. 젊은이들은 더 멋지기 때문에, 지식 노동자들은 업무 도구로

써 생산성을 높여주기 때문에, 생산 현장 근로자들은 손이 자유로 워져서 더욱 안전한 작업을 할 수 있기 때문에 HMD로 옮겨올 수밖에 없다. 시간이 갈수록 점차 더 많은 이유를 찾아낼 것이다.

혼합현실

오늘날 우리는 혼합현실 기술을 개발하고 응용하는 극히 초기 단계에 와 있다. 혼합현실 기술은 가상현실, 증강현실, 혼합현실을 통칭하는 용어다. 휴대성은 스마트폰의 최대 장점 중 하나인데, 현재까지 개발된 혼합현실 기기들은 휴대성이 떨어진다. 그러나 이 문제도 조만간 해결될 것이다.

오늘날 이들 신기술이 주는 가장 큰 매력은 마치 현실 세계에서 경험하듯이 사물을 입체적으로 보고 그 안에 들어갈 수 있게 된다는 점이다.

입체 효과는 3D 영화처럼 왼쪽과 오른쪽 렌즈를 통해 보이는 시야를 입체적인 기법으로 중첩시켜 만든다. 또한 입체 음향 기술을 통해 교향악단, 으르렁거리는 좀비들, 발굽 소리를 내는 가축들, 또는 당신이 하와이 섬 주변을 가상으로 수영하는 동안 부드러운 울음소리를 내며 지나가는 혹등고래에 둘러싸인 느낌을 만들어낼 수 있다.

이런 효과를 불과 몇 분만이라도 경험해 본다면 이 신기술이 오락, 교육, 통신 분야에서 발휘할 잠재력을 도저히 무시할 수 없게 된다. 이어지는 여러 장에서 이 외에 소매유통, 산업체, 교실 수업 등을 바꾸고 진통제 없이도 고통을 줄이고, 자폐증, 파킨슨씨 병, 시각장애, 사지마비 등의 치료에 도움을 주는 희망적인 응용 사례 등을 소개하겠다.

과연 어떻게 작용하는 것일까?

이 책은 복잡한 기술을 다루는 비즈니스 의사결정자들을 위한 책이다. 따라서 이 책에서는 적절한 가벼운 수준의 기술용어를 다룰 생각이다. 당신이 기술 전문가라서 우리가 여러 주제를 지나치게 단순화한다는 느낌을 받는다면 양해를 부탁한다.

일단 포인트 클라우드point cloud라는 용어는 꼭 이해하고 넘어갈 필요가 있다. 포인트 클라우드로 표현되는 기술을 이해하지 못하면 혼합현실 기술을 요술이라 착각할 수 있다.

포인트 클라우드를 영화나 「NCIS:로스엔젤레스」 같은 범죄수사 드라마에서 본 적이 있을 것이다. 어두운 배경에 3차원의 모눈종이처럼 그려진 초록색 선이 스크린이나 또는 헤드셋을 통해 보여지는 장면이 바로 포인트 클라우드다. 그리고 사물들의 외곽선이 채워지고 나면 전체 그림을 볼 수 있게 된다.

포인트 클라우드는 위치 데이터를 보이는 가상의 물체로 표시한다. 데이터를 3차원 이미지로 변환시키는 속도가 점차 빨라지고 있으며, 당신과 당신 주변 사물들 간의 관계를 정밀하게 그려낼 것이다.

이들 포인트 클라우드는 실제로는 존재하지 않는 것을 극사실적으로 표시하거나 움직이는 모습으로 나타낼 수 있다. 벽을 뚫고 들어오는 괴물이나 가게에서 인기 상품인 구두가 놓인 장소까지 안내하는 가상의 연예인 발자국일수도 있다. 또는 폭탄이 터지지 않게 어느 전선을 절단할지 보여주는 3차원 매뉴얼일 수도 있다. 전투기 동체를 조종사의 시야에서 사라지게 해 접근 중인 미사일을 눈으로 볼 수 있게도 한다. 더 실용적인 면에서는 이케아나 로우스Lowe's 매장에서 소파나 부엌 가구 모델을 보고 난 후 자신의 집에서 어떻게 보일지 확인할 수 있게 해준다.

혼합현실 기술에서 표시되는 거의 모든 것이 포인트 클라우드를 통해 구현된다.

공간 컴퓨팅

하나의 변혁은 또 다른 변혁으로 이어진다. 오늘날 디지털 생활의 중심을 이루는 스마트폰을 출발점으로 삼아, 우리는 앞으로 10년에 걸쳐 저커버그가 보여준 제품 같은 혼합현실 헤드셋으로 옮겨갈 것이다.

혼합현실 헤드셋은 모든 기능이 내장되고 휴대성을 갖게 된다. 이 책에서 이 기기에 대한 이야기를 주로 하겠지만 그것이 궁극적 종착지는 아니다.

지금의 새로운 시대는 공간 컴퓨팅의 시대다. 10년 후에나 실현되겠지만 그 이후 50년 이상 지속될 것이다. 공간 컴퓨팅은 위치가 갖는 문맥의 의미를 컴퓨터가 이해하고 포인트 클라우드를 통해 여러 사물 간의 관계를 학습할 수 있다는 개념이다.

컴퓨터가 사람의 움직임도 이해하므로 화면에 표시되는 가상의 물건과도 마치 실제 물건처럼 상호작용하는 기능이 가능해진다. 공간 컴퓨팅 시대가 되면 앉아서 보기만 하는 게 아니라 가상의 사물 주변을 돌아다니며 상호작용하며, 실제로 방 안에 들어갈 때와 똑같은 방법으로 실내 공간을 볼 수 있다. 실제 테이블 위에 가상의 체스판을 놓고, 홀로그램으로 표시된 상대방이 테이블 맞은 편에 앉아 당신을 노려보며 다음에 놓을 수를 궁리하는 모습을 보게된다.

공간 컴퓨팅의 개념은 50년 넘게 학문적 연구 대상이었다. 어떤 뚜렷한 시작점이 있었던 것은 아닌 듯하지만 고든 무어 박사가 무어의 법칙(2년마다 프로세서의 밀도와 처리 속도가 두 배가 되리라고 예측한)을 찾아내던 당시 그가 참조했을 법한 여러 무미건조한 연구 백서 가운데 그 뿌리를 찾을 수 있다.

무어의 법칙은 1970년쯤 처음 발표된 이후 계속 유효했고, 특히 제3차 변혁 시기에도 중요한 역할을 했다. 덕분에 우리는 데스크톱 컴퓨터에 연결된 마우스로 클릭하던 삶에서 벗어나 모바일 기기를 활용할 수 있게 됐다. 즉 모바일 시대에 이르러 비로소 우리는 이동하면서 실시간으로 대화할 수 있는 자유를 누리게 됐다.

그때 이후 모바일 기기에 일어난 일들을 떠올려보라. 10년 전만 해도 아이폰은 없었다. 2006년 당시 블랙베리와 노키아는 인기 절정이었다. 이메일과 문자메시지를 보낼 수 있는 첫 휴대폰이었기 때문이다.

모바일 기기 분야에서 지난 10년간 이룬 성과와 비교해 앞으로 10년간 이뤄질 성과는 얼마나 클지 상상해 보라. 지난 10년 동안 디지털 기술이 당신과 당신이 일하는 방식을 어떻게 바꿔놨는지 생각해 보라. 그렇다면 향후 10년간 일어날 변화는 얼마나 대단할까?

어느 정도 나이가 들었다면 10년 전에 휴대 기기에서 통화도 하고 문자도 보내고 이메일도 보낼 수 있다는 사실에 얼마나 놀랐었는지 기억할 것이다. 당시 기준으로 봤을 때 10년 이후의 발전상을 상상하기는 어려웠으리라.

이 책에서 이야기할 기술은 그 시절의 블랙베리나 노키아 기기와 비슷하다. 이 책의 준비 과정에서 알게 된 많은 일에 대해 우리는 놀라지 않을 수 없었고, 앞으로 펼쳐질 가능성에 대해서도 정신이 아득해질 따름이다.

사랑스럽고 우아하게

우리는 주로 공간 컴퓨팅을 향한 발전의 맥락에서 여러 기기와 변화에 초점을 맞추겠지만 이 글을 읽는 동안 염두에 둬야 할 기술이 바로 인공지능이다. 인공지능이란 전통적으로 사람의 지능, 즉 시각, 음성 인식, 의사결정과 언어통역 등을 요구하는 업무를 해낼 수 있는 디지털 기술을 말한다.

최근까지 개발자들만이 인공지능을 개발해낼 수 있었다. 그러나 최근에는 컴퓨터가 데이터 관측과 수집을 통해 스스로 학습하게 되면서 돌파구를 찾았다. 중간에 프로그래머들이 병목 현상을 일으키는 일 없이 말이다.

기술 업계는 인공지능 대신 머신 러닝이란 용어를 사용하기 시작했다. 우리도 머신 러닝이 더 나은 용어라는 데 동의한다. 다만 이 책에서는 이 두 용어를 섞어가며 사용하겠다.

때로 머신 러닝은 소름이 돋을 만큼 기계를 인간처럼 느껴지게 만든다. 퓰리처상을 받은 뉴욕타임스 기자 존 마코프는 그의 책 『인자한 기계들Machines of Loving Grace』에서 이 같은 발전이 시사하는 바를 다뤘다. 우리는 이 제목이 묘하게 정확하다고 생각한다.

머신 러닝이 중요한 이유는 이것이 제4차 변혁으로 이끄는 기술의 토대이기 때문이다. 머신 러닝 덕분에 기계끼리 인간에 대한 정보를 주고 받을 수 있게 되고, 기계가 우리를 대신해 일용품을 주문하고 온도계를 조절하며 TV 프로그램을 선택할 수 있게 된다.

책 후반부에서 우아함과 사랑스러움에 대해, 그리고 의도하지 않은 결과와 잠재적으로 의도된 남용에 대해서도 다루겠다. 11장 전체를 "무엇이 잘못될 수 있을까?"라는 주제에 할애했다. 11장은 이 책에서 가장 긴 장이기도 하다.

비주얼 웹

앞으로 다가올 국면 중 하나는 이 신기술이 언어 대신에 시각적 매체를 더욱 많이 활용하게 만든다는 점이다. 이는 4차 변혁을 접하게 될 마케팅과 홍보 전문가들이 눈여겨봐야 할 사안이다.

2015년 10월, 암바리시 미트라Ambarish Mitra는 지금의 인터넷보다 100배나 큰, 새로운 비주얼 웹Visual Web의 등장을 예견하는 글을 발표했다. 더욱 시각적인 매체로의 이동은 저커버그의 발표 내용을 뒷받침한다. 비즈니스 전략가들도 이를 염두에 두고 계획을 짜고 있다. 이로 인해 결국 당신의 고객들은 당신과, 그리고 고객들끼리 시각적으로 소통할 수 밖에 없음을 의미한다.

미트라는 휴대기기용 영상 인식 플랫폼을 제공하는 블리파Blippar의 CEO다. 인도의 도시 빈민 지역에서 태어난 그는 저커버그와 마찬가지로, 궁극적으로 모든 사람을 서로 연결하려는 야망을 가진 성공적인 창업가다. 이 두 사람 모두 이타적으로 들리는 전략의 중심에 야심찬 비즈니스 전략을 품고 있다.

미트라는 증강현실이 언어 장벽을 극복하고 경제 활동을 원활하게 한다고 믿는다. 비주얼 웹에서 사람들은 영상 인식을 통해 언어를 사용하지 않고도 온라인 쇼핑을 할 수 있게 된다.

해당 기술이 작동하는 방식은 결국 이런 모습일 것이다.

먼 나라의 어느 상인이 독특한 상품을 갖고 있다. 주변의 누군가가 만든 공예품이라고 하자. 그는 인터넷에 연결된 전화기를 갖고 있지만 서로의 언어를 모르는 상황에서 어떻게 공예품을 당신에게 팔 수 있을까?

해답은 단어 대신에 시각적 이미지로 검색하는 방법이다. 자전거나 팔찌를 표현하는 단어는 전 세계적으로 수백 가지가 넘을지 모르지만 사진 한 장, 또는 상징적 이미지 하나로 그 의미가 통한다. 세계 각국의 상인은 글로벌 시장에 참여할 수 있고, 글로벌 마케터들은 신흥 시장에 접근할 수 있다. 「유로모니터」 지에 의하면 이런 신흥시장은 향후 10년간 가장 높은 비즈니스 성장 가능성을 가진 곳이다.

우리는 이런 사업적 측면이 마음에 든다. 한편 서로 교역을 하는 국가들끼리 전쟁을 벌이는 일은 매우 적다고 주장한 임마누엘 칸트Immanuel Kant의 말이 생각난다. 오늘날 꼭 필요한 이야기가 아닌가?

블리파는 인스타그램, 핀터레스트, 스냅챗처럼 시각적 콘텐츠에 집중한 무료 모바일 앱을 개발해서 유명해진 회사다.

블리파는 폰 카메라와 인공지능을 사용하여 마치 인간의 뇌가 사물을 인식하듯 대상을 이해하고 확인한다. 이건 머신 러닝의 실제 사례에 해당한다. 블리파가 2011년에 사업을 시작했을 당시 두 살짜리 아이의 인식 능력을 갖고 있었다고 미트라는 말한다. 물건을 어디에 놓아야 할지 알기 위해 마루와 테이블 정도를 구분할 수 있었다. 현재는 8살 정도의 인식 능력을 갖게 되었다. 10년 후에는 경륜을 갖춘 마을 어른 수준의 지혜를 갖출 것으로 그는 말했다.

날로 증가하는 영상의 중요성을 인식한 사람은 미트라 뿐만이 아니다.

여덟 권의 책을 저술한 바 있고 이 책의 머리말을 써 준 개리 베이너척Gary Vaynerchuck은 우리에게 다음과 같이 말했다. "콘텐츠 마케팅 분야에서 가장 중요한 단 하나의 전략은 동영상입니다. 페이스북, 트위터, 스냅챗, 유튜브 등 그 어떤 소셜미디어에서든, 당신의 비즈니스를 위해 만들고 마케팅해야 하는 콘텐츠는 단언컨대 동영상이어야 합니다."

F8 콘퍼런스에서 저커버그는 '동영상의 황금기'가 새롭게 다가왔다고 선언했다.

그 발전상을 보여주기 위해 그는 자신의 어린 딸이 첫 걸음마를 딛는 동영상을 개발자들에게 보여줬다. 그러고 나서 자신의 부모가 찍은 자신의 첫 걸음마 사진을 보여줬다. 저커버그 부모님의 유아 시절에는 아마도 첫 걸음마 소식이 말로 전달됐을 것이다.

그의 핵심 포인트는 사람들이 동영상에 몰려드는 이유가 동영상이 정보 전달을 훨씬 쉽게 만들기 때문이라는 점이었다. 동영상 편집과 배포 도구는 더 좋아지고 더욱 저렴해졌다. 전송 속도와 저장 용량이 간혹 불편할 경우도 있지만 더 이상 심각한 장애요인은 아니다.

3D 동영상 분야에서 일어나는 일들을 보라. 2년 전만 해도 전문 3D 영상 기술자들이 카메라 여섯 대가 달린 무거운 받침대를 등에 지고 다녔다. 가격은 10만 달러 가까이 됐다. 올해 출시된 한 제품에는 전문가 품질의 고프로 히어로4$^{GoPro Hero4}$ 카메라 6대가 한 손에 잡힐 만한 공 형태로 장착되는데 이것을 드론에 달아 서핑이나 스키를 타는 이들을 촬영할 수 있다.

또한 2016년도에 일반 소비자용 3D 카메라가 처음으로 출시됐는데, 그 중 하나가 약 80달러 정도에 팔리는 큐브360이란 제품이다. 화질이 엄청 좋다고 말할 수는 없고 아직 고프로 성능에 한참 미치지 못한다.

그러나 소비자용 제품의 품질은 점점 좋아지기 마련이다. 휴대폰 내장 카메라의 어설픈 품질이 기억나는가? 전문가 수준은 아니었지만 대부분의 사람들은 그 정도로도 만족했다. 인스타그램, 페이스북, 스냅챗의 성공을 보면 알 수 있다. 아프리카 사하라 남쪽의 흙

바닥에서 살아가는 장인이 자신이 만든 공예품을 지구 반대편에 있는 수집상에게 팔려고 할 경우 그 정도 화질이면 충분하다.

비주얼 웹은 문화적 장벽을 무너뜨린다. 비주얼 웹이 발달할수록 새로운 창업 기회가 생겨난다. 이런 변화에 발맞추지 못하는 브랜드 마케터들은 어려움을 당할 수밖에 없다.

한 가지 더 이야기하자면, 호주머니나 가방에서 카메라를 꺼내기보다 머리에 쓰고 있는 기기에서 사진이나 동영상을 촬영하는 방법이 훨씬 빠르고 쉽다.

혁명을 알리는 총성

페이스북은 제4차 변혁을 향한 방향을 제시하고, 궁극적으로 공간 컴퓨팅의 시대를 열어갈 역량을 가진 회사 중 하나다. 공간 컴퓨팅의 시대가 오면 사람들은 지능형 기기를 웨어러블 형태로 걸치고 다니며, 그 기기는 지금보다 훨씬 더 가벼워지고 성능은 더욱 뛰어나게 된다.

어느 회사, 어떤 제품이 성공하고 실패할지 우리는 알 수 없다. 누가 승자나 패자가 되든 그 자체는 중요하지 않다고 생각한다. 궁극적으로 우리는 최종 소비자의 마음을 살 비즈니스 의사결정자들을 위해 글을 쓴다.

우리는 엄청난 경쟁의 시대에 들어섰다. 경쟁은 언제나 혁신을 몰고 오면서 가격은 낮춰왔다. 이 두 가지는 무어 법칙의 결과다.

저커버그가 그 슬라이드를 보여주며 말한 내용은 우리 모두에게 중요한 의미를 안겨준다. 그것은 이 시대가 돌이킬 수 없는 변화를 맞이할 것임을 세상에 알리는 하나의 총성인 셈이었다.

기존의 생활과 비즈니스는 조만간 낯선 모습으로 바뀌게 되며,

고객들은 앞으로 물건을 구입할 때 당신의 회사가 새로운 종류의 경험을 제공해 주기를 기대할 것이다. 투자자나 동업자들도 당신에게 이와 같은 기대를 가질 것이다.

또한 이름도 들어본 적도 없는 회사가 공간 컴퓨팅의 새로운 세계 질서 안에서 한 자리 차지하게 됨을 의미한다.

몇몇 투자자들이 저커버그의 말을 알아들었음을 우리는 알고 있다. 다음 장에서 이야기할 소셜 가상현실 스타트업인, 실리콘밸리의 알트스페이스VR 창업자 에릭 로모Eric Romo에 따르면 이전에는 투자를 받기가 무척 어려웠지만 저커버그의 발표 이후에는 상대적으로 더 빠르고 쉽게 투자자를 모을 수 있었다고 말했다.

저커버그의 발표 이후 새로운 헤드셋의 가능성은 필연성으로 바뀌었다. 비록 초기 단계지만 역동적인 가상현실 산업에 대해 저커버그는 이 비즈니스의 전망이 가상으로 시작했지만 결코 허상이 아니며 이미 현실이 되고 있음을 확인시켜줬다.

저커버그가 쏜 총성에 대해 덧붙이자면 그의 총알은 가상이었으므로 아무도 다치지 않았다.

우선은 혼합현실 기술의 여러 사례 중에서 일반 소비자에게 이미 광범위하게 제공되는 기술인 가상현실 부문의 현황을 살펴보자. 오락이나 게임은 가상현실 응용 분야의 대표적인 출발점이다. 이것은 당신의 비즈니스에 의외로 큰 영향을 끼칠 수도 있다.

마인크래프트 세대

"우리는 도구를 만들고, 도구는 우리를 만든다"

– 마샬 맥루한(Marshall McLuhan), 커뮤니케이션 이론가

2016년 4월 저커버그가 연단에 섰을 때와 거의 비슷한 시기에 변화의 도구들이 출시되기 시작했다. 페이스북의 오큘러스 리프트를 비롯해, HTC 바이브, 소니 플레이스테이션 VR, 삼성 기어 VR, 구글 카드보드, 그리고 덜 알려진 제품들도 다수 있었다.

이 제품들이 다음 혁명의 첫 디지털 무기라면, 새로운 변혁은 흥미로 가득 차 있음을 보여준 셈이다. 또한 이 혁명의 전사들은 지뢰를 피하고 좀비들을 쏴 없애면서 컴퓨터 애니메이션으로 그려진 지형을 종횡무진으로 활동하는 전투 기술을 보유한 게이머들이 될 것이다.

기술적으로 새로운 헤드셋은 헤드 마운트 디스플레이^{head-mounted} ^{display}, 줄여서 HMD라고 부른다. 이것은 매우 정교한 장치로 사용자의 인지에 두 가지 변화를 가져온다.

우선 HMD를 착용하게 되면 해당 장치는 사용자의 시야를 그대로 인식한다. 두 번째로 사용자는 화면을 그저 앉아서 바라보는 게 아니라 보이는 장면 속으로 빠져들게 된다. 모든 장면이 사용자를 둘러싸게 되며 더 이상 화면은 장벽이 아니다.

오늘날 커다란 관심을 끌고 있는 이 기기는 제4차 변혁으로 이끄는 첫 관문이자 출발점에 불과하다. 현재 이 장비의 형태나 기능은 과거에 비하면 대단한 수준이지만 몇 년 후에 바뀔 모습에 비하면 원시적인 수준에 불과할 것이다. 마치 MS-DOS나 기계식 마우스가 현재 우리 눈에 보이는 모습처럼 말이다.

이 글을 쓰는 시점에 가장 좋은 가상현실 기기의 가격은 약 800달러 수준이지만 고가의 고성능 그래픽 카드를 장착한 컴퓨터에 연결해야만 쓸 수 있고, 모든 제품은 저마다 문제가 있어서 제조사가 향후 버전에서 개선해 주기로 약속하고 있다. 그럼에도 불구하고 모든 제품은 매진됐고 제조사들은 밀린 주문에 대응하기 위해 노력 중이다.

또한 우리가 책을 쓰는 당시, 어느 기기도 휴대성을 만족시키지 못했다는 점이 중요하다. 제4차 변혁이 약속하는 미래에 도달하려면 이 점이 반드시 해결돼야만 한다.

그렇다면 이들 기기의 장점은 무엇인가? 한 마디로 말하자면 그건 '경험'이다. 이 헤드셋은 이전에 없었던 전혀 새로운 경험을 보여준다.

헤드셋을 처음 착용하는 순간 상상 이상의, 생소하고 진기한 환경 속으로 즉각 들어선다. 마치 창틀을 통해서만 보던 바깥 세상으로 창문을 뚫고 직접 나가는 느낌이자 바라보기만 하던 세상 안으로 빠져드는 느낌이다. 가상현실은 환각제에 종종 비유되곤 하는데 차이가 있다면 화학 약품 대신 컴퓨터 개발자들이 만들어 낸 환상을 보게 된다는 점이다.

가상현실 헤드셋은 컴퓨터에 연결된 채, 방안에 머물면서 머나먼 세계로 여행을 할 수 있게 해준다. 만약 게임 소프트웨어를 하고 있다면 당신 자신이 게임의 중심이 된다. 스토리텔링 모험이라면 당신이 각본을 쓴다. 감독의 지시대로 이야기가 진행되는 게 아니라 당신이 바라보는 방향으로 이야기가 진행된다. 당신이 주도권을 갖고 이야기를 만든다. 당신과 함께 그 경험에 참여한 다른 누구도 당신과 똑같은 광경을 바라보는 사람은 없다.

가상현실 헤드셋을 처음 착용해 본 사람들은 그 경험에 깜짝 놀라서 체험이 끝나도 더 즐기기를 원한다. 사람들이 헤드셋을 구입하면 자신이 경험한 바를 거의 즉각적으로 친구들과 공유하면서, 샬린 리Charlene Li와 조시 버노프Josh Bernoff가 2011년에 펴낸 『그라운드스웰Groundswell』이란 책에서 말한 바 같은 커다란 파급 효과에 불을 붙인다.

이 기기를 만드는 이들은 좀처럼 광고를 하지 않는 대신 전시회장, 콘퍼런스, 공공 장소 등에 시연 부스를 만든다. 10분 정도 체험을 해보고 난 사람들은 해당 제품을 사고, 자신의 경험을 친구들과 나누면서 입소문을 퍼뜨린다.

가상현실은 그 이전과의 무엇과도 다르며, 흥미롭고 창의적이고 재미있다. 저커버그는 이를 소셜 플랫폼 중 가장 소셜하다고 말했다. 이 책 원고를 마친 바로 그 날, 저커버그는 오큘러스 가상현실 헤드셋의 차기 버전은 다른 사용자와의 연결성이 강화되고 휴대성이 한층 개선될 예정임을 발표했다.

저커버그의 예견이 맞다면 가상현실, 증강현실, 혼합현실은 결국 하나의 멋진 기기로 융합되며, 현재 열렬한 찬사를 받는 기기들은 박물관에 전시되는 신세로 전락할 것이다.

밀레니엄 세대를 위한 필수 아이템

기술적 변화는 모든 사람에게 똑같이 일어나지 않는다. 소수의 얼리어답터로부터 시작해 점차 퍼져나간다. 가상현실, 증강현실, 그리고 혼합현실이 가져오는 변화는 밀레니엄 세대와 그들보다 더 어린 세대에게서 시작된다. 그들을 시작으로 모든 연령층과 문화권에 파급될 전망이다.

밀레니엄 세대는 디지털 네이티브의 첫 세대로, 디지털 네이티브의 미래 세대는 어떤 모습일까? 그들을 고객으로 끌어들이려면 어떻게 계획을 세워야 할까? 그들 중 최고의 인재를 조직에 끌어들이려면 무엇을 사용해야 할까? 가장 창업가 정신이 뛰어난 이들은 당신의 회사 같은 기성 조직과 경쟁하기 위해 무슨 일을 벌일까?

밀레니엄 세대를 이해하려면 그들의 노는 모습, 즉 무엇을 갖고 누구와 함께 노는지를 관찰해라. 놀이는 그 사람의 미래를 형성한다. 그들의 장난감은 나중에 그 세대들이 어떤 식으로 배우고, 친구를 사귀고, 문제를 풀고, 일을 하게 될지를 나타내는 단서가 된다. 그들에게 당신의 비즈니스가 의미 있기를 원한다면 혼합현실 기술이 밀레니엄 세대의 어린 시절에 미칠 영향을 이해해야 한다.

베이비부머 세대가 TV를 보며 자라난 첫 세대였고 그런 배경이 그들을 특징지었듯이, 밀레니엄 세대는 휴대전화 스크린을 만지며 자라난 첫 세대이며 모바일 배경이 이 세대를 특징짓고 있다.

한 가지 덧붙이자면, 기성 세대는 종종 밀레니엄 세대를 아직 어린애들이라고 착각하곤 하는데 그렇지 않다. 밀레니엄 세대는 이미 대학생 나이가 지났다. 나이가 들어가는 베이비부머 세대보다 훨씬 많은 밀레니엄 세대가 소비 시장에서 활동 중이다. 그리고 그들이 향후 50년간 여러분의 비즈니스에 중요한 영향을 끼칠 것이다.

밀레니엄 세대가 향후에 소비자로서, 직원으로서, 경쟁자로서 어떤 모습이 될지 가늠하는 최고의 단서는 그들이 지금 어떻게 놀고 있는가에서 드러난다.

기술전문 매체 「벤처비트VentureBeat」에 따르면 오늘날 게이머의 평균 연령은 31세다. 그들은 21세기 초 미국이 깊은 경제 침체기에 빠져 있을 즈음 성인이 됐다. 이들 젊은 게이머들은 재정적으로 넉넉하지 못하고 소비에 인색한 편으로 알려졌지만 마이크로소프트 엑스박스XBOX, 소니 플레이스테이션, 또는 고성능 엔비디아Nvidia 그래픽 카드를 장착한 윈도 PC 등의 값비싼 게임기를 구입하는 비용은 어떻게든 마련한다.

이런 소비 패턴을 만드는 원동력은 기술 그 자체가 아니라 경험이다. 최고의 경험을 향한 욕구는 그들로 하여금 최고 사양의 스마트폰을 구매하게 만들었고, 이제는 그들이 가상현실 헤드셋을 구입하는 주 고객층이 됐다.

HTC 바이브는 여태 나온 가상현실 기기 중 가장 비싼 제품으로, 판매 개시 10분 만에 1만5천 대가 팔렸고 판매 첫날부터 주문이 많이 밀렸다. 밀레니엄 세대는 오큘러스 리프트와 그 외 가상현실 헤드셋 매출의 주된 견인차 역할을 하고 있다.

게이머에 대해 마지막으로 한 가지 기억할 점은 그들이 무시하지 못할 숫자에 달한다는 사실이다.

「벤처와이어Venturewire」 기사에 따르면 2016년 전 세계 게이머의 수는 12억 명에 이른다. 엔터테인먼트 소프트웨어 협회의 통계에 따르면 미국 가정의 80%는 게임기가 있고, 가정 당 평균 두 명의 게이머가 있다.

이들은 가상현실 헤드셋의 소비자가 될 테고, 운이 좋다면 이들이 여러분 회사의 고객이 될지도 모른다. 여러분 회사가 판매하는 물건이 밀레니엄 게이머의 마음에 든다면 회사의 미래는 밝다. 그러므로 당신이 할 수 있는 최선의 방법은 이런 새로운 헤드셋이 고객 경험을 어떻게 향상시킬 수 있을지를 지금부터 궁리하기 시작해야 한다.

초기 자료를 근거로 본다면 가상현실은 랩톱, 스마트폰, 또는 그이전의 어느 제품보다도 훨씬 더 빠르게, 더 큰 규모로 파급될 전망이다. 당신의 매장과 일터에서의 경험 향상은 위해 가상현실 기기를 도입하려는 시도는 더 나은 미래를 만들기 위한 현명한 선택이다.

2025년까지 가상현실 헤드셋 또는 1장에서 언급한 혼합현실 스마트 글라스의 사용 인구는 수천만 명에 이를 전망이다.

스마트 글라스 사용자가 스마트폰 사용자 수를 앞지르는 시점은 언제가 될까? 우리는 2025년 이전에 그 일이 일어나리라 생각한다. 다수 사람들은 그런 변혁을 눈치채지 못할 것이다. 그것은 마치 우리가 컴퓨터보다 스마트폰을 더 많이 사용하기 시작한 시점을 알아차리지 못한 결과와 같다.

전통 산업을 제물로

물론 컴퓨터 게이머가 모두 밀레니엄 세대는 아니다. 연령대마다 게이머는 존재하며 심지어 노인정과 유아 놀이방에도 있다. 기술과 마찬가지로 게이머들의 습관과 기대는 계속 변하는 중이다.

인구학자들은 밀레니엄 세대의 출생 년도를 대략 1976년에서 1982년 사이로 본다. 그 중에서도 1976년을 그들의 출생 년도로 보는 관점이 대세다. 이 해를 출발점으로 본다면, 지금부터 10년 후에는 많은 밀레니엄 세대가 부모가 되고 심지어 일부는 조부모가 됐을지도 모를 일이다. 제4차 변혁의 기술이 가족 문화에 어떤 영향을 가져올까? 휴일이나 가족 모임에서 조부모들이 유아들과 가상현실 게임을 즐길까? 마치 우리 조부모들이 우리와 주사위 놀이를 함께 했듯이?

물론이다. 새로운 헤드셋은 지금의 스마트폰처럼 가정과 문화 생활에서 중심 역할을 차지할 것이다.

실제로 새로운 디지털 네이티브 세대가 자라나고 있으며 그들은 점차 인구 분포상 시장을 주도하는 세력이 돼 가는 중이다.

마인크래프트 세대

밀레니엄 세대를 잇는 다음 세대는 더욱 디지털 환경에서 자라난다. 미국 컨설팅 업체 스파크스 앤 허니^{Sparks and Honey}에 따르면 2014년에 이 신세대의 41%는 매일 3시간 이상을 학교 숙제 이외의 목적으로 컴퓨터를 사용했다. 이는 밀레니엄 세대가 같은 나이였을 때에 비해 두 배 가량에 해당한다. 우리는 시간의 대부분을 게임과 소셜미디어 활동(점차 이 두 가지를 구분하기 어려워졌지만)에 썼으리라 본다.

이 신세대는 디지털 기기로 놀고, 공부하고, 친구를 사귀면서 초등학교에 입학한다. 사회학자들은 이들이 밀레니엄 세대보다 기술을 편안하게 느낀다고 설명한다.

그래서 어쨌다는 말인가? 만약 당신이 자동차 회사나 여행사를 경영한다면, 또는 당신이 대학교의 장기 계획을 수립하거나 쇼핑센터를 운영할 경우 아이들과 디지털 게임에 관심을 둘 이유가 무엇인가?

여러분 회사의 마케팅 담당자들이 제4차 변혁의 기술을 염두에 두지 않는다면 고객의 관심을 끌기 어려울 수 있다. 만약 회사의 구매 담당자들이 증강현실을 활용해 고객이 원하는 상품 찾기를 돕는 방안을 연구하지 않는다면 젊은 세대들은 다른 매장을 찾아 떠날 게 분명하다.

회사에 새로운 기기를 갖추지 않는다면 최고의 인재는 회사에서 일하고 싶어하지 않을 것이며, 그들 중 가장 진취적인 창업가들은 오히려 여러분의 회사를 만만한 경쟁 상대로 여길 것이다.

인구학자는 인구를 연구하는 사회학자들이다. 현대 마케팅에서 무엇을 이야기하고 그것을 어떻게 표현할지는 데이터 분석에 능통한 이들 인구학자의 연구 결과에 좌우된다. 그들은 사회적 행동 양식을 결정하는 한 가지 요인을 포착해서 새로운 세대의 명칭을 정하곤 한다.

대공황 시기에 자라나고 제2차 세계대전에서 싸워 승리한 이들을 가리켜 '위대한 세대The Greatest Generation'라는 이름을 만들었듯이 그들은 아주 적절한 명칭을 만들어낸다. 때로는 창의적인 모호함을 발휘해 'X세대'라는 명칭을 붙이기도 한다.

인구학자들은 디지털 원주민으로 자란 두 번째 세대에게 어떤 이름이 어울릴지 많은 고민을 했다. 'I세대', '후기 밀레니엄 세대', '센테니얼 세대Centennial', 그리고 무슨 뜻인지 알 수 없는 '복수Plurals 세대' 등의 이름 짓기를 시도했다. 근래에는 'Z세대(줄여서 Zees)'라 부르기로 뜻을 모은 걸로 보인다.

우리는 이들 명칭이 마음에 들지 않았다. 알파벳 'Z'는 종말을 암시하지만 오히려 이 세대는 새로운 시작을 나타낸다고 본다. 이들은 제4차 변혁 시대에 성인이 되는 첫 세대가 된다. 그들이 만들어내는 문화는 그들 중 상당수가 즐기는 한 매력적인 게임에 의해 정의된다고 본다. 그 게임은 가상의 세계에 집을 짓고 사는 데 중심을 둔 게임이다.

그래서 우리는 이들을 마인크래프트^{Minecraft} 세대, 줄여서 마인크래프터라고 부르기로 했다.

타고난 vs 후천적인

셸 이스라엘의 전작 『치명적 관대함^{Lethal Generosity}』에서 그는 밀레니엄 세대가 베이비부머에 비해 디지털 기기를 더욱 편안하게 여긴다는 점을 지적하면서 언어를 자연스럽게 습득하는 경우와 의식적으로 배우는 경우의 차이에 관해 논했다. 사람은 누구나 다섯 살 이전에 적어도 한 가지 언어를 습득하기 시작한다. 초등학교 입학 즈음이면 말을 하는데 어려움이 거의 없어지고 자신의 모국어를 익히며 성장한다.

사춘기 이전에 외국어를 배운다면 아이들은 한두 개 또는 그 이상의 언어를 모국어처럼 구사할 수 있음이 밝혀졌다. 어떤 이유에서인지 사춘기가 되면 언어 습득 방법이 달라진다고 한다.

사춘기 이후에 언어를 배우려고 하면 어휘를 아무리 많이 알아도 어색한 발음으로 말하게 되는 경향이 있다. 아무리 노력해도 원어민처럼 말하기는 어렵다.

컴퓨터와 컴퓨터 언어를 배우는 정신적 과정도 자연어의 습득과 동일하다고 밝혀졌다. 유년기에 컴퓨터를 배우면 더 자연스러운 반면, 나이 들어 배우려면 훨씬 더 어렵다. 아무리 능숙하게 다룰 수 있게 되더라도 어린 학습자들과 같은 수준의 디지털 중심 사고는 어렵다.

우리는 밀레니엄 세대와 마인크래프트 세대가 디지털 기술과 이루는 관계가 그 이전 세대와 그들을 차별화하는 특징이라고 생각한다.

밀레니엄 세대와 마인크래프트 세대의 차이는 그렇게 뚜렷하지 않다. 하지만 우리 생각에 밀레니엄 세대는 소통을 위해 기술을 활용하는 반면, 마인크래프트 세대에게는 기술 그 자체가 소통의 언어가 된다. 이전 세대들과 마찬가지로 마인크래프트 세대는 여러 언어를 배우지만 차이점이 있다면 그들에게 있어 가장 인기 있는 언어 중 하나가 코딩이라는 점이다.

마인크래프트 세대에게 있어 코딩은 어디에서나 통하는 세계 공용어다. 이 덕분에 다중 언어권의 사람들과 함께 사업을 전개하는 데 어려움이 없다. 이는 마치 블리파 등의 회사가 비주얼 웹으로 사업을 하는 방식과 비슷하다.

디지털 사방치기 놀이

물론 어떤 놀이는 수백 년 동안 변하지 않았다. 아이들은 조부모, 부모 세대와 거의 같은 방식으로 놀기 때문이다. 예컨대 사방치기의 유래는 이집트 시대로 거슬러 올라간다. 현대의 아이들이 노는 사방치기의 형태는 이집트를 침공한 로마 병사들이 배워 온 방법에서 유래됐다.

그런데 최근 사방치기 놀이홉스카치, Hopscotch라는 이름의 컴퓨터 게임이 등장했다. 이는 아이들에게 코딩을 가르쳐 주는 게임 중 하나다. 아이들은 이 언어를 이용해 자신만의 게임을 만든다. 그리고 초등학생과 유치원생 아이들이 그 게임을 전 세계의 온라인 커뮤니티에서 또래집단과 공유한다. 홉스카치는 다른 아이들이 무료로 게임을 즐기거나, 코드 일부를 빌려 자신의 게임 개발에 사용하고 다시 이를 공유할 수 있게 한다.

이 글을 쓰는 현재, 스코블의 두 아들 라이언과 밀란은 각각 7살과 9살이다. 마인크래프트 세대인 이들은 스마트폰과 태블릿이 없는 세계를 경험하지 못했다. 그들이 새로운 게임을 해보고 싶을 때면 부모의 허락이나 도움을 구하지 않고 곧바로 유튜브에 가서 게임 방법을 배우고 직접 다운로드한다. 아이들이 더 많은 일들을, 더 자주 스스로 시도해 보는 문화적 차이를 여기에서 본다.

올해 스코블의 아이들이 가상현실 헤드셋을 처음 대했을 때 수동 컨트롤러 사용법을 배우는데 1분도 안 걸렸다. 그러나 헤드셋을 쓰자마자 무엇을 해야할지 직관적으로 파악했다. 아이들이 쇼핑을 할 나이가 될 때면 그들의 관심이나 충성심을 얻는 유용한 전략으로 증강현실이나 가상현실이 사용되지 않겠는가?

마인크래프트 세대가 초등학교 입학할 나이가 되기도 전에 그들은 디지털 기술을 이용해 뭔가를 만드는 사람이 되고, 스스로 문제를 해결하고, 다른 아이들을 찾아내고 사귀는 방법을 배운다. 고등학교에 입학할 나이가 되기 전에 이들 중 수천만 명은 가상현실과 증강현실 게임을 즐기게 된다. 아마도 스마트폰으로 그런 게임을 시작하겠지만 조만간 헤드셋을 더욱 갖고 싶어하게 될 거다.

이런 세대적 특징은 저커버그가 F8 콘퍼런스에서 언급한 개방적 문화를 만들어낸다.

우리는 세계의 아이들이 지리적, 종교적, 정치적 경계를 극복하고 함께 어울려 노는 모습을 그리며 그 속에서 희망을 본다. 그들은 코딩이라는 세계 공용어를 구사한다. 이 탁월한 언어를 통해 모든 차이를 극복할 것이다.

다른 여러 게임과 사이트에서도 코딩을 가르친다. 아마도 10년 후에는 더 많은 사람들이 영어보다 이진법 코드로 소통하게 될지도 모른다.

이들 중 가장 인기 있는 게임은 물론 마인크래프트 세대라는 명칭을 가져온 바로 마인크래프트 게임이다.

15에서 10억까지?

마인크래프트는 컴퓨터 비디오 게임 역사상 최다 판매를 기록했고 휴대폰과 콘솔에서도 가장 인기 있는 게임 중 하나다. 2015년 2월, 「게임스팟GameSpot」 사이트는 1억 명이 넘는 사용자가 마인크래프트에 등록했다고 예상했고 이 수치는 계속 올라가는 중이다.

이 게임은 창업자인 마르쿠스 페르손Markus Persson이 2009년에 1장당 10달러에 베타 버전을 판매하면서 조그맣게 시작됐다. 첫날 15명이 이 게임을 구매했을 때 그는 기뻐 어쩔 줄 몰랐다. 2014년에 마이크로소프트가 게임을 사들이면서 사업확장의 계기가 됐다.

기본 게임은 개발이 드문드문 이뤄진 가상의 세계에서 시작된다. 게임 참가자는 광석을 채굴하고 귀금속을 추출해 화폐를 얻고, 가공을 통해 벽, 건물, 로봇 등 무엇이든 원하는 물건을 만든다.

규칙은 단순하고 플레이어가 원한다면 규칙은 무시할 수도 있다.

1개당 20달러 정도에 판매되는데, 수십 종에 달하는 다양한 버전이 있다. 종종 쥬라기 공원, 트랜스포머, 디즈니 등의 유명 브랜드와의 협력을 통해 제작되기도 한다. 레고와의 협력을 통해서는 게이머가 마인크래프트 온라인에서 만든 모델을 실제로 조립하거나 3D 프린터로 출력할 수도 있다.

마인크래프트를 단독으로 즐기는 사용자가 적지는 않지만 대부분은 멀티유저 게임을 즐긴다. 이들 커뮤니티는 자신의 창조물을 유튜브 등을 통해 공유한다. 최근 자료에 의하면 아이들이 아이디어를 공유하기 위해 자신의 결과물을 1억5천만 건 이상 업로드했다고 한다. 유튜브 내의 강력한 마인크래프트 커뮤니티는 아이디어 교환이 이뤄지는 곳이다.

컴퓨터 게임은 다른 커뮤니티와 마찬가지로 대체로 오픈 소스적인 특성을 지닌다. 「와이어드^{Wired}」지에 따르면, 서로 경쟁 관계에 있는 게임 제작자들도 별다른 권리 분쟁 없이 서로에게서 아이디어와 코드를 적극적으로 빌려 사용한다고 한다.

다른 컴퓨터 게임의 경우처럼 마인크래프트 플레이어들은 주기적으로 코드를 공유하거나 이를 창의적으로 변경하곤 한다.

마인크래프트는 장벽을 뛰어넘는 문화를 만들어 냈으며, 문제 해결을 위한 협력의 장점을 가르친다.

2016년 5월, 마인크래프트는 오큘러스 리프트와 삼성 기어용 VR 버전을 출시했으며 마이크로소프트의 홀로렌즈용 증강현실 버전 개발 계획을 발표했다.

이런 식의 게임 개발은 새로운 기술로의 확장에 해당된다. 마인크래프트 세대와 그 다음에 자라날 세대들은 유치원 입학 전에 이미 가상현실, 증강현실, 혼합현실 기술을 사용하게 된다. 쇼핑할 때, 일할 때, 생활할 때, 오락을 할 때 그런 기술이 제공되리라 기대할 것이다.

게임에서 시작된 일은 게임에만 머무르지 않는다. 가정에서 즐기는 오락이 조만간 당신의 비즈니스에 영향을 미칠지도 모른다.

파급효과

게임은 혁신을 몰고 온다. 게임은 마우스, 컴퓨터 그래픽, PC 음향, 채팅과 온라인 커뮤니티 등의 보급에 기여했다.

현대의 개인화된 기술 중 다수는 게임에 그 뿌리를 두고 있다. 소프트웨어뿐만 아니라 반도체 칩, 모니터 화면, 저장 장치와 초고속 인터넷 전송망도 포함된다. 역사를 보면 게이머들이 앞장서서 가는 곳에는 다른 모든 기술이 따라감을 알 수 있다.

게임보다 더 큰 변화를 맞이할 강력한 문화적 현상이 또 하나 있다. 그것은 고대로부터 이어져 온 스토리텔링이라는 예술 영역이다.

가상 스토리텔링

"당신은 또 다른 차원, 눈에 보이고 귀로 들리는 곳 너머 마음의 차원으로 여행하고 있습니다. 놀라운 세계로의 여행. 상상력의 끝이 그 세계의 경계선입니다."

– 로드 설링(Rod Serling), 「트와일라잇 존(Twilight Zone)」

인간의 특징 중 하나는 재미있는 이야기를 좋아한다는 사실이다. 인류 역사의 시초부터 그랬다. 사실 스토리텔링은 우리의 역사를 기록하는 방식이다.

초기 크로마뇽인 시대의 동굴 부족을 상상해 보자. 그들은 몇 안 되는 도구를 사냥이나 물건을 걸어놓거나 불을 피우는 등의 가장 기본적인 활동에 사용했다. 이제 그들에 관한 이야기를 해보겠다.

어느 날, 방금 사냥해 온 짐승을 끌고 사냥꾼들이 돌아온다. 그들이 돌아왔다는 소식을 듣고 온 부족이 기뻐한다. 겨울을 나기 위한 충분한 식량이 마련되었음을 의미하기 때문이다.

그날 밤, 부족원 모두는 근사한 축제를 마련하고 다 함께 즐긴다. 인류사 중 최근에 발명된 술이 그들의 축제를 더욱 흥겹게 한다. 밤이 깊어가면서 불꽃은 잦아들어 붉게 이글거리는 숯불을 남기고 떠들썩하던 부족원들은 조용해진다. 이 때 누군가가 사냥팀의 우두머리에게 사냥 이야기를 해달라고 요청한다.

그는 많지 않은 어휘에 몸짓을 섞어가며 자신의 모험을 설명한다. 위험과 싸움을 과장하면서 말이다. 어느 순간, 뜻하는 바를 말로 표현할 수 없게 되자 나뭇가지를 들어 동굴 바닥에 그림을 그리기 시작한다.

그가 그림 그리는 모습을 다른 이들은 미소를 띠고 바라보고, 말로 설명되지 않은 부분을 그림을 통해 깨닫는다. 감탄사와 더불어 웃음소리가 들린다.

넉넉한 음료와 식사 덕분에 한 사람씩 곯아떨어지고, 어리고 몸집이 작다는 이유로 사냥에 따라가지 못한 한 명의 소녀만이 남게 된다.

이야기를 통해 영감이 떠오른 소녀는 상상의 세계로 빠져든다. 다른 이들이 곤히 잠든 동안 부드러운 돌을 으깨어 만든 가루에 잡은 동물의 피와 열매의 즙을 섞어 색을 낸다.

이어 그녀는 자신이 들은 이야기의 내용을 동굴 벽에 거친 그림으로 남겨 놓는다. 아침이 되어 다른 이들은 그녀의 그림을 감상하며 칭찬하고, 다시 일상으로 돌아간다. 시간이 흘러 사나운 이빨을 가진 짐승, 적대적인 이웃 부족, 질병과 혹독한 기후 등으로 인해 그 부족은 완전히 사라지고 만다.

남은 거라곤 오직 동굴 속 그림뿐.

4천 년이 흘러, 우연히 동굴 안으로 들어간 등산객 한 명이 동굴 벽에 남겨진 그림을 발견한다. 과학자들이 와서 동굴 부족이 남겨 놓은 숯의 탄소 연대를 측정하고, 그을린 뼈에서 염색체를 채취한다. 깨진 돌 항아리 속 찌꺼기를 통해 한때 그 속에 술이 들어있음을 확인한다.

이 발견을 다룬 뉴스, 영화, 책 등이 있다. 이 사건을 자세히 살펴본 사람들도 있지만 대다수가 기억하는 부분은 벽에 남겨진 그림이다. 그 벽화는 일반 가정집 냉장고에 붙어 있는, 집안의 아이들이 크레용으로 그려 놓은 그림과 묘하게 닮았다.

이야기는 이야기꾼이 사라진 후에도 오랫동안 살아남는다. 최고 이야기꾼의 이름은 그들이 흙으로 돌아간 이후에도 전해진다. 이솝, 셰익스피어, 조지 오웰이 비행기 옆자리에 앉아있더라도 알아보는 사람이 과연 있을까?

이야기가 종교, 애국심, 영감 등의 원천이 된다는 문화적 연관성을 보여주기 위해 우리는 이 이야기를 만들어냈다. 책, 오페라, 영화, 만화 등은 이야기로 가득하다. 연장자들은 오늘날에도 모닥불에 둘러 앉아 어린이들에게 흥분과 공포를 자아내는 이야기를 들려준다. 실제 일어난 사건들은 해당 이야기를 전하는 이들에 의해 과장되면서 잡은 물고기는 더 커지고 어둠 속의 괴물은 더 난폭해진다.

이것은 가상현실로 이어진다. 말하자면 부족원 소녀의 그림이 발전을 거듭해 가상현실이 되고, 발견된 벽화를 연구한 과학자들의 연구가 발전해 가상현실의 바탕이 된 셈이다. 가상현실 소프트웨어는 스토리텔링이라는 고대 예술과 최첨단 디지털 기술이 만들어낸 합작품이다.

이 책에서 우리는 실재와 환상의 경계가 흐려진다는 이야기를 반복한다. 이 현상에 대해 경각심을 느끼는 이들도 있는데 그럴 만도 하다. 하지만 인간은 수천 년 동안 현실과 환상의 흐릿한 경계 속에서 살아왔다. 이제는 그런 일을 더 멋지고, 몰입하고, 흥미롭고, 기억에 남을 만한 방법으로 할 수 있게 되었을 따름이다.

가상현실은 그 이전의 어떤 기술보다 더욱 경험 중심이다. 만약 우리가 만든 이야기를 문자 대신 가상현실을 이용해 전했다면 당신은 이야기가 진행되는 과정에서 햅틱 센서haptic sensor의 도움을 받아 동굴의 습기와 모닥불의 열기를 느꼈으리라. 사냥꾼의 몸짓을 눈여겨보며, 벽화를 그린 소녀의 어깨너머로 그림을 보았으리라. 가만히 앉아 이야기를 보고만 있는 게 아니라 그 속에 빠져들 수 있었으리라.

오늘날 그 기술이 구현되고 있는 현장을 찾아가 보자.

공중에 그림 그리기

약 2,400년 전, 아리스토텔레스는 이야기의 구조에 대한 기본 규칙을 정했다. 즉 모든 이야기에는 시작과 중간, 그리고 결말이 있어야만 했다. 표면적으로는 너무나 뻔한 이야기다.

그러나 생각해 보면 우리가 실제로 겪는 인생 이야기는 그런 식으로 전개되지 않는다.

종종 우리는 자신을 둘러싼 에피소드가 구체적으로 언제 시작되는지 알지 못한다. 또한 이야기의 진정한 주인공이 누구인지를 알게 될 때 놀란다. 전체 줄거리는 고사하고 한 부분이 언제 끝나는지도 알 수 없다. 누군가가 갑자기 죽는다 해도 그것이 끝이 아니다. 법적인 문제를 마무리하고 유산을 정리한 후 어린 유족에게 고인에 대한 이야기를 해줘야 한다.

인생은 너무나 즉흥적이어서 아리스토텔레스의 규칙에 잘 들어맞지 않는다.

또 다른 문제는 아리스토텔레스만큼이나 오래된 한 용어에 관한 이야기다. '유아론唯我論, Solipsism'은 사람은 누구나 자신이 세계의 중심이라는 신념이다. 알고 보면 이야기라는 것은 우리가 처한 위치에 따라, 그리고 우리가 무엇을 보기로 결정하느냐에 따라 전개 과정이 결정된다. 밥 딜런Bob Dylan이 자신의 초창기 노래에서 잘 표현했다. "당신을 내 이야기 속에 있게 해드리겠어요. 내가 당신 이야기

속에 있을 수 있다면 말이죠."

이것이 영화에서는 어떤 식으로 적용되는지 보기로 하자.

샤리 프릴로Shari Frilot는 선댄스 영화제Sundance Film Festival의 실험적인 뉴프론티어 부문의 큐레이터다. 그녀는 2016년 해당 부문 주제를 가상현실로 정했다. 그녀가 고른 세 편의 후보작은 각각 좋은 평을 받았는데 그 중 선택된 작품이 오큘러스 스토리 스튜디오가 만든 「디어 안젤리카Dear Angelica」였다.

360도 영상으로 만들어진 영화 「디어 엔젤리카」는 영화의 주인공 제시카가 최근 작고한 그녀의 어머니를 회상하는 내용을 그리고 있다. 미국의 유명 리뷰사이트인 「더 버지The Verge」에 쓴 감상평에서 아디 로버트슨Adi Robertson은 그녀가 헤드셋을 쓰고 난 후 눈 앞에 나타난 화면은 한 개의 단어가 전부였다고 적었다.

"헬로(Hello)". 앞에서 보면 일반적인 필기체로 쓰인 글자지만 리프트의 추적 카메라를 사용해 그 옆으로 돌아가면 그 글자가 무의미한, 검은색의 반복되는 고리 모양으로 변하는 모습을 보게 된다.

잠시 후 보이는 세계의 흰 배경이 3차원의 그림으로 뒤덮이게 된다. 그림의 선이 하나씩 서서히 드러나며 구름 덮인 하늘에는 늘씬한 용이 날아간다. 용의 등 위에 두 개의 사물이 조그맣게 보인다. 이 모든 것은 공중에 그려진 회화의 느낌을 주었다.

(로버트슨이 본 영화 상영 전 크레딧 부분만을 보고 나서 쓴 내용치고는 꽤 강렬한 평가다.) 다른 매체의 경우였다면 오큘러스가 이번 선댄스에 가져온 작품은 스토리보드나 개념 예술(concept art) 정도로 여겨졌겠지만 가상현실로 보았을 때는 아주 특별한 장면이었다.

이 글을 쓴 영화 평론가는 영화 후반에서 제시카가 돌아가신 어머니에게 보내는 편지를 작성하는 모습을 어깨너머로 본다. 방 안의 가구를 감상하느라 로버트슨의 시선은 다른 곳으로 향한다. 헤드셋을 쓰고 몰래 들여다 보는 관찰자를 의식하지 않은 채, 영화의 주인공은 계속 편지를 써 나간다.

영화 「디어 안젤리카」가 올해 초에 개봉되자 일반 관객들은 각자의 속도에 맞춰 완결된 영화 속으로 빠져들어가 어떤 방향으로든, 어떤 순서로든 원하는 대로 발걸음을 옮겼다. 두 사람이 이 영화를 함께 보러 왔더라도 무엇을 경험했는지, 주제가 무엇이었는지에 대해 서로 전혀 다른 관점을 갖고 영화관을 나설 수도 있다.

대형 영화 제작사들은 이와 유사한 변화를 영화 제작에 도입할 계획을 세우고 있다.

2015년 말, 스코블은 20세기 폭스의 미래학자 테드 쉴로위츠^{Ted} Schilowitz를 만났다. 이 자리에서 그는 리즈 위더스푼^{Reese Witherspoon}이 주연한 영화 「와일드^{Wild}」가 가상현실로 재편집되는 모습을 보았다. 스코블은 주인공이 퍼시픽 크레스트 트레일^{pacific crest trail}[1]을 걸어가는 모습을 보고 있다가 문득 뒤를 돌아보니 원래 영화에서는 없었던 다른 등산객이 나타나는 걸 보고 깜짝 놀랐다.

이 경험을 통해 우리는 기술이 사용자의 시선을 계속 따라가야 하는 이유를 이해할 수 있었다. 「디어 안젤리카」의 감상평을 쓴 평론가는 시선을 돌려 가구를 구경했고, 스코블은 시선을 돌려 다른 배우를 만났다.

기술이 스토리뿐 아니라 관객의 경험도 바꿨다. 아마도 관객 자

---

1 미국 서부를 남북으로 종단하는 4,200km가 넘는 극한의 트레킹 코스 - 옮긴이

신도 조금씩 바뀔 것이다.

아이들에게 일어나는 변화는 더욱 심오하다.

영원한 전설을 업데이트한다면

몇몇 동화는 수백 년간 내용이 바뀌지 않고 그대로였다. 오큘러스 리프트의 공동창업자 유진 정^{Eugene Chung}이 세운 펜로즈^{Penrose} 스튜디오는 가상현실을 이용해 오래도록 사랑받은 이야기들을 새롭게 각색하고 있다. 어린 왕자^{The Little Prince}를 가상현실 버전으로 각색한 「장미와 나^{The Rose and I}」는 선댄스 영화제에서 갈채를 받았다.

2016년 후반에 이르러 펜로즈는 성냥팔이 소녀를 바탕으로 한 영화 「알루멧^{Allumette}」의 예고편을 내놓았다. 이 두 영화 모두 관객이 마치 작은 주인공을 들여다보는 거인이 된듯한 느낌을 준다. 마치 어린이가 인형의 집 안에 있는 장난감을 들여다 보듯 말이다.

여기서 한 가지 변수는 나이다. 아이들은 증강현실과 가상현실을 쉽게 받아들인다. 그리고 35세 이하의 관객도 대체로 그렇다. 하지만 많은 이들이 35세 이후에는 자신의 취향을 잘 바꾸지 않는다. 살아온 과정에서 형성된 성향을 고수하는 경향이 있다. 이것은 어린 시절에 신기술을 접한 아이들에게도 적용된다. 앞으로도 많은 사람들이 새로운 형태의 엔터테인먼트를 즐기는 반면, 새로운 오락 형식을 끝까지 무시하면서 변화를 거부할 이들도 많으리라.

문화는 바뀐다. 향후 쇼핑몰에 있는 대형극장에서는 가상현실 글라스로 볼 수 있는 상영관과 가상현실 글라스 없이 볼 수 있는 상영관이 각각 마련될 전망이다. 글라스 없이 보는 상영관은 점차 줄어들고 결국은 사라지고 말 것이다.

5년 후, 아카데미 시상식에는 일반 영화 뿐만 아니라 가상현실 영화 부문을 추가하게 될지도 모른다. 가상현실 효과가 없는 영화는 비중이 줄어드는 고령의 관객들이 선호하게 될 것이다. 비가상현실 영화는 외국어 영화상이나 다큐멘터리 영화상 부문처럼 비주류로 밀려날 것이다.

이런 새로운 접근 방식은 이미 공연 예술에도 영향을 끼치기 시작했다.

한밤중에 일어난 의문의 사건

『한밤중에 개에게 일어난 의문의 사건The Curious Incident of the Dog in the Night Time』이란 소설 작품은 수학적 재능을 가진 자폐증 성향의 소년이 이웃집 개를 죽인 걸로 오해받아 생긴 이야기를 다룬다. 주인공 소년은 자신의 결백을 입증하기 위해 진범을 찾아 나선다. 이 소설을 바탕으로 만든 동명의 연극은 2015년 토니상에서 최고 신작상을 수상했다.

이 연극은 아무 것도 없는 텅 빈 무대에서 공연된다. 가상현실과 가까운 방식으로 모든 소품, 무대 장치, 특수 효과 등이 보여지고, 관객은 헤드셋 없이도 연극을 관람할 수 있다.

무대 뒤에 설치된, LED 램프로 채워진 검은색 벽은 장면마다 다른 모습으로 나타난다. 교실의 칠판이 되기도 하고, 동네 길거리, 기차, 우주, 그리고 혼란스런 마음의 내적 상태를 그려내기도 한다. 때로 배우들이 무대 뒤로 물러나 잠시 쉬는 동안, 눈을 뗄 수 없는 유사 가상현실의 독무대가 펼쳐진다.

관객을 그 속에 빠뜨리지 않으면서 가상 세계의 시각적 환상을 활용한 것이 연극 「의문의 사건」이라면, 뉴욕에서 공연된 또 다른 연극은 기술이나 실제 극장을 사용하지 않으면서 가상현실과 같은 몰입 경험의 진수를 보여준다.

「슬립 노모어Sleep No More」는 셰익스피어의 맥베스Macbeth를 리메이크한 작품이다. 이 연극이 런던에서 초연된 뒤 8년 만에 뉴욕에 왔을 당시까지는 한 문장에서 가상현실과 연극이란 단어가 동시에 사용된 적이 없었다. 1960년대 환경연극에서는 관람객들이 배우들을 따라 뉴욕의 거리를 걸어가면서 일련의 물리적 공간 속으로 함께 다니곤 했는데 「슬립 노모어」는 그 이상이다.

「슬립 노모어」는 이전에 경험한 맥베스와는 전혀 다르다. 일단 배우들이 관객들에게 몇 마디 던지기는 하지만 배우들 간에 미리 짜여진 대사는 없다. 셰익스피어 작품을 각색한 작품치고 상당히 파격적이다. 한 가지 더 특별한 점은 이 연극이 소호SOHO의 빈 창고를 개조해 만든 어둠침침한 맥키트릭McKittrick 호텔 내부에서 펼쳐진다는 점이다.

관객은 장면마다 자기 마음대로 걸어 다닐 수 있다.

가상현실 기술의 개척자들은 「슬립 노모어」가 가상현실 이야기를 만드는 데 좋은 참고가 되기 때문에 이 연극을 꼭 봐야 한다고 추천했다.

다음은 이 연극에 대한 스코블의 관람평이다.

"이 연극이 가상현실계에 주는 교훈은 무엇인가? 온 사방에서 일들이 벌어진다. 한 쪽에서는 싸움이, 다른 한 쪽에서는 애정 장면이 펼쳐진다. 어떤 장면은 너무 개인적이어서 오직 혼자만 봐야 한다. 이 연극은 혼자 경험해야만 하기 때문이라고 하면서 커플끼리 보러 온 관객도 서로 떼어놓는다. 곧 출시될 가상현실 영화에서 경험하겠지만 주변 전체가 무대고, 당신은 그 안을 걸어 다닌다."

구토하는 관객들

엔터테인먼트와 기술은 이야기 전달 방법의 새로운 가능성을 계속 펼쳐 나간다. 지금 이야기하려는 이 영화나, 이 영화에 기반한 연극을 이미 봤을 수도 있지만 현재 제작 중에 있는 가상현실 버전은 반드시 봐야만 한다.

2006년 브로드웨이에서 초연된 디즈니 뮤지컬 「라이온킹」은 1994년도에 개봉된 영화를 바탕으로 만들어졌다. 애니매이션 캐릭터를 뮤지컬에서는 사람이 대신한다. 이제는 그 유명한 오프닝 장면 '서클 오브 라이프^{Circle of Life}'를 가상현실 버전으로 볼 수 있게 된다.

디즈니는 가상현실 소프트웨어와 영화 제작 스튜디오인 토탈시네마 360과 계약해 10년 째 공연 중인 민스코프 극장에서 「서클 오브 라이프」를 공연하기로 했다. 제작자들은 라이브 공연의 에너지를 가상현실 버전에서도 구현할 수 있기를 원했다. 가상현실 버전에서는 관람객들이 오케스트라석, 무대 중앙, 백 스테이지와 무대 양측의 시선에서 「서클 오브 라이프」 공연을 경험하게 된다.

디즈니의 마케팅 담당 부사장 앤드류 플랫^{Andrew Flatt}은 LA 타임스와의 인터뷰에서 이 새로운 기획물은 다른 브로드웨이 연극에게 도움을 주는 실험작으로 생각한다고 말했다. 가상현실은 공연 현장의 흥분을 느낄 수 있는 흥미진진한 예고편을 만들어 관객을 모을 수 있다. 머리 회전이 빠른 마케터들은 온갖 다양한 이벤트를 소개하기 위해 가상현실을 활용하기 시작할 것으로 확신한다.

디즈니는 가상현실에 가장 큰 투자를 하면서 다양한 분야에서 이 기술을 활용하는 기업일지 모른다. 예컨대 ABC 뉴스와 ESPN의 프로 테니스 경기를 위한 영상 클립을 제작한 저명한 가상현실 영화 제작 스타트업인 전트^{Jaunt}를 위한 6천5백만 달러 투자 모집에 디즈니 사가 앞장 섰다.

"우리는 마법을 만든다"라는 슬로건을 가진 월트 디즈니 이매지니어링^{WDI} 사는 디즈니가 만드는 모든 것, 특히 호텔과 놀이 공원 등을 가상현실로 새로 구축하는 독자적인 가상현실 기술을 개발했다.

WDI는 플로리다에 위치한 엡콧 센터 뒤편 넓은 공터에 있는 시설과 캘리포니아 글렌데일에 있는 시설을 이용해 고해상도 가상현실 작품을 만들고 있다.

글렌데일 WDI 소속인, 크리에이티브 테크놀로지 스튜디오^{Creative} $^{Technology\ Studio}$의 창업자 겸 디렉터인 마크 마인$^{Mark\ Mine}$은 「포춘」 지와의 인터뷰에서 표준 HDTV 화면 해상도의 네 배에 달하는 4K 기술을 활용해 4,800킬로미터 정도 떨어진 플로리다와 캘리포니아 스튜디오 간에 컴퓨터 그래픽의 완벽한 동기화를 달성했다고 말했다. 이를 통해 양측은 동시에 디자인을 분석하고 서로를 완벽하게 이해할 수 있었다고 한다.

이 스튜디오는 각종 디자인과 건축을 위한 모델링에 가상현실을 활용하는데, 시간과 비용을 절감할 뿐 아니라 고객이 어떤 경험을 하게 될지, 호텔 방이나 놀이 공원 시설이 실제로 지어지기도 전에 미리 경험할 수 있게 한다.

2016년 9월, 상하이 디즈니랜드가 개관되었는데, 건설비 55억 달러가 투자된 이 거대한 시설의 설계를 위해 WDI 사는 가상현실을 이용했다. 현재 진행 중인 작품으로는 올랜도의 아바타 랜드와 새로 개관한 홍콩 디즈니랜드 내 여러 장소에 설치될 스타워즈 등이 있다.

업계 2위의 테마 공원 개발사인 유니버설 스튜디오$^{Universal\ Studio}$는 해리 포터, 트랜스포머, 아이언맨 등의 주요 놀이 시설에 가상현실 어트랙션을 만들어 놓았다. 할리우드에 설치한 해리포터 체험 시설에서는 시각 지연 현상 때문에 관객들이 멀미를 하곤 했는데 이 글을 읽을 때면 그 문제가 해결됐으리라 생각한다.

더 적은 예산을 가진 테마 공원은 가상현실을 좀 더 저렴한 방법으로 활용한다. 식스플랙 매직마운틴Six Flags Magic Mountain 놀이 공원은 롤러코스터에 가상현실 헤드셋을 추가했다. 이 시설에 탑승한 이용객들은 슈퍼맨의 메트로폴리스를 여행하면서 그가 악당으로부터 도시를 구하는 모습을 3D로 보게 된다.

골든스테이트 워리어스Golden State Warriors, 뉴 잉글랜드 패트리어츠New England Patriots, 샌프란시스코 자이언츠San Francisco Giants, 새크라멘토 킹스Sacramento Kings를 포함한 많은 프로 스포츠팀은 팬들을 위해 가상현실을 사용해서 한 차원 높은 경기 관람 체험을 해 볼 수 있는 공간을 마련했다. 예컨대 보스턴 레드삭스The Boston Red Sox 팀은 팬들을 위해 가상의 더그아웃을 제공한다.

보이드의 등장

2016년 3월 완전히 새롭게 출발한 가상현실 테마 공원 체인점이 있다. 이 회사는 낮은 건설 비용, 빠른 건설 속도, 더욱 신나는 가상현실 경험을 내세워 경쟁하려고 한다.

보이드The Void는 가상현실을 기반으로 한 최초의 테마 공원 체인점이다. 공동 창업자 겸 크리에이티브 디렉터인 커티스 힉맨Curtis Hickman은 2016년 1월, 밴쿠버에서 열린 TED 콘퍼런스에서 이 새로운 테마 공원을 소개하면서 '무한한 차원의 비전'이라고 불렀다.

보이드는 북미 전역의 주요 도시 주변 창고를 개조해 가상현실 체험 센터를 세워나가고 있다. 약 2.8제곱미터 공간 8개 정도를 수용할 만큼의 공간을 마련해 다양한 모험을 할 수 있게 한다. 햅틱 기술을 이용해 사용자들이 해저 공간의 축축함이나 화산의 열기 등을 경험할 수 있고, 또한 실재 또는 홀로그램으로 표현된 가상의 존재가 주는 촉감과 온기를 느낄 수 있다.

각 센터에는 다양한 체험 방이 만들어질 예정이다. 예컨대 불꽃을 뿜어내는 마야의 신전에서는 조끼 안에 설치된 22개의 센서를 통한 햅틱 기술로 묘한 쾌감을 느낄 수 있다. 또 다른 공간에서는 외계에서 온 악당들을 쏘아 없애는 경험을 판매한다.

2016년 여름, 보이드는 마담 투소Madame Tussauds 뉴욕 박물관에서 소니 픽쳐스와 공동으로 당시 개봉된 영화 「고스트버스터즈 Ghostbusters」의 가상현실 체험관인 「고스트버스터즈 디멘션Ghostbusters Dimension」을 선보였다. 관객들은 햅틱 센서가 장착된 휴대권총을 들고 광양자photon 백팩을 매고 유령들을 물리친다.

스코블은 이곳을 방문해 보았다. 각 팀의 구성원들은 최선의 전략을 서로 논의하면서 유령을 물리치는 데 협력했다. 스코블은 "유령 퇴치 장비의 울림을 느꼈고, 유령이 나를 뚫고 지나갈 때의 느낌도 느꼈습니다. 열기, 습기 등 여러 감각이 느껴졌습니다. 여태껏 경험한 것 중에서 가장 몰입도가 높았고, 동시에 가장 사회성이 높은 경험이었습니다."라고 참가소감을 밝혔다.

그러나 여덟 명의 팀 구성원은 각자 독특한 모험을 했다. 말하자면 모두가 각각 세상의 중심이 된듯한 모험이었다. 밥 딜런이 말했듯이 그들은 각자 서로의 이야기 속에 들어가 있으면서 동시에 자기 자신이 주인공이었다.

새로운 방식으로 가상현실 체험을 할 수 있는 기술적 도구와 부속 장치들이 속속 개발되고 있다. 반동을 느낄 수 있는 총, 운전할 수 있는 좌석, 그리고 음악의 박자를 느끼거나 액션 게임에서 가상의 펀치를 느끼게 하는 서브팩Subpac 진동조끼도 있다.

경기장에서 헤드셋을

2015년 미국 프로미식축구리그NFL가 벌어들인 총수입은 120억 달러에 달했다. 각 경기장의 경쟁 상대는 다른 프로와 아마추어 팀뿐만이 아니다. 스코블의 저서 『컨텍스트의 시대』에서 인용한 뉴잉글랜드 패트리어츠 팀의 CEO 로버트 크래프트의 말처럼, 그들은 무료로 HDTV로 중계 방송을 보여주며 더 신속하고도 저렴하게 맥주를 내놓는 저렴한 동네 술집과도 경쟁한다.

그 책에서 우리는 미식 축구와 야구 경기장 곳곳에 센서를 설치해 시즌 티켓 소지자가 모바일 앱으로 맥주를 주문하거나 스마트폰으로 경기 장면을 재생하고 확대하는 등의 다양한 서비스를 즐길 수 있게 했다는 이야기를 썼다. 문맥 기술은 심지어 팬들이 화장실을 찾을 때 최단거리로 갈 수 있도록 도와주기까지 한다.

여기에 제4차 변혁 기술이 도입된다. 결국 팬들의 체험이 가장 중요한 자산임을 보여준다. 몇몇 경기장에서는 증강현실 헤드셋으로 경기를 관람할 수 있는 증강현실 특별 관람실을 마련하기도 했다.

드론 경주

가상현실은 이미 새로운 종류의 관람 경기, 드론 경주를 탄생시켰다. 경기 참가자들은 최고 시속 320킬로미터 속도로 날아가는 무인드론을 조종한다. 이들은 체조 경기장이나 쇼핑몰 안에 설치된 장애물을 피해가거나 통과하면서 승부를 겨룬다.

인간 조종사들은 원격 조종기를 들고 HMD를 쓴 채로 안전한 곳에 앉아 드론을 움직인다. 가상현실 소프트웨어는 조종사들에게 일인칭 시점을 제공한다. 조종사들은 장애물을 통과하며 경쟁 상대와 위험할 정도로 가까이 날아가면서 자신이 마치 드론 안에 앉아있는 느낌을 받는다.

과연 이 경기는 밀레니엄 세대와 마인크래프트 세대를 위한 포뮬러 원 경기로 자리잡을 것인가? 속단하기는 아직 이르다. 그러나 조만간 관람객들은 조종사들이 일인칭 시점으로 느끼는 방식과 동일한, 아드레날린 솟는 경험을 즐길 수 있게 될 것이다.

드론 경주에서 충돌은 자동차 경주보다 훨씬 빈번하게 일어난다. 충돌 사고 발생 시 생겨나는 파편들은 깨진 플라스틱 조각들이다. 다행스럽게도 포뮬러 원 경주의 사고에서 발생하는 피와 뼛조각들은 볼 수 없다.

드론 경주는 아직까진 높은 시청률을 보장하는 주요 스포츠의 경지에는 이르지 못했지만 조금씩 관심과 투자를 끌어 모으는 중이다. 마이애미 돌핀스Miami Dolphins 팀의 구단주 스티브 로스Steve Ross는 드론 경주를 그의 미식축구단 홈 경기장인 선라이프 스타디움에서 주최하기 위해 1백만 달러를 내놓았다.

드론 경주가 주요 스포츠의 반열에 오를지는 미지수다. 그러나 이 경기를 언급하는 이유는 가상현실이 우리가 이전에 경험한 것과는 전혀 다른 방식으로 즐길 수 있는 새로운 종류의 활동을 창조해 낼 수 있음을 보여주기 때문이다.

소셜 가상현실

소셜미디어를 초기부터 섭렵한 우리들로서는 대부분의 가상현실 앱을 동시에 연결할 수 있는 사람은 불과 몇 명뿐이라는 점을 눈여겨보았다. 이스라엘은 가상현실이 오락거리가 될 수는 있지만 사회성이라는 측면에서는 어두운 극장에서 영화를 관람하는 것과 크게 다를 바 없으리라는 점을 우려했다. 주변에 앉은 이들과 함께 웃고 손뼉 칠 수는 있지만 실질적으로는 혼자만의 경험이라는 점에서 그렇다.

스코블은 이에 동의하지 않았다. 그래서 그는 공동 저자인 이스라엘을 알트스페이스VR^{AltSpace VR}로 데리고 가, 창업자이자 CEO인 에릭 로모^{Eric Romo}, 그리고 개발과 커뮤니티 홍보팀장 브루스 우든^{Bruce Wooden}과 만나게 했다. 그제서야 이스라엘은 소셜 가상현실의 엄청난 가능성에 눈을 떴다.

우든은 그의 길잡이 역할을 해 주었다. 우든은 현실과는 전혀 다른 아바타의 모습으로 나타났다. 이스라엘은 고성능 바이브 헤드셋을 사용했는데 이 기기의 컨트롤러로 물건을 능숙하게 집어 올리거나 옮길 수 있었다. 우든의 아바타는 중세의 한 선술집에서 일어난 가상의 결투 상황을 만들어 이스라엘이 칼을 집어 들게 했다. 우든이 친절하게 사용법을 가르치는 도중에 이스라엘은 선수를 쳐 우든의 아바타를 산산조각 내버렸다. 우든의 아바타가 다시 제 모습을 갖춰가는 동안 이스라엘은 호탕하게 웃고 있었다.

우든의 아바타가 부활해서 이스라엘을 다양하고 즐거운 몰입 체험 속으로 계속 안내했다. 간혹 다른 아바타가 가상현실 세트 안으로 아무 이유 없이 걸어 들어오기도 했다.

체험이 끝나고 헤드셋을 벗었을 때 이스라엘은 마치 우든과 오랜 친구였던 듯한 묘한 느낌을 받았다. 가상현실 세계 안에서는 우든이 전혀 다른 캐릭터로 나타났음에도 말이다. 이스라엘은 그를 안내한 우든을 껴안고 싶은 충동을 느꼈다. 마치 오랜 친구를 처음으로 만나는 느낌이었다.

이 이야기를 하는 이유는 소셜미디어가 가상현실 안에서라면 전혀 낯선 이들과도 친구 관계를 맺을 수 있다는 완전히 새로운 차원의 잠재력을 보여주기 때문이다. 페이스북에서 친구가 되려면 여러 번의 접촉이 필요하다. 때로는 몇 개월이 걸릴 수도 있다. 하지만 알트스페이스에서는 20분 만에 친구가 됐다.

이것은 로모가 우리에게 이야기해 준 소셜 가상현실이 지닌 잠재력의 일부분에 불과하다. 불과 몇 개월 전 베타 버전을 벗어났는데 이미 150개 가까운 국가에서 수천 명의 방문객이 다녀갔다. 사람들은 평균 40분 정도 머무는데 게이머들 중에는 6시간을 머무는 경우도 드물지 않다. 우든은 사이트에서 9시간 동안 몰입해 본 적도 있었다. "뇌는 조금만 지나면 가상의 공간을 실제 공간으로 받아들이고 아바타를 실제 사람으로 생각하기 시작합니다. 진짜 감정을 일으킨답니다."

한번은 로모와 우든이 가상 공간에서 회의를 하는데 우든의 아바타가 다른 곳을 쳐다보고 있었다. 로모는 무시당했다는 생각에 속이 상했다. 실제로 같은 방에 있었을 경우 느꼈을 감정 그대로였다.

이 회사는 아직 초기 단계에 있었고 어떻게 수익을 낼지 궁리 중이었다. 로모는 수익 모델이 체험과 이벤트 두 종류로 나뉜다고 했다.

가상 공간에서의 이벤트는 현실에서의 이벤트에 비해 몇 가지 장점이 있다. 가상의 이벤트 공간은 무한하다. 따라서 유명 록그룹이 알트스페이스에서 공연을 하면 전 세계 팬들을 상대로 입장권을 팔 수 있다. 입장권 수입 이외에도 NFL 팀처럼 스폰서 수입을 얻을 수도 있다. 가상의 기념품 판매도 가능하다. 가상 맥주에 관해 물어 볼 걸 그랬다.

체험에 관해서는 음악을 공동으로 연주하거나 이스라엘이 우든과 벌였던 것 같은 가상의 칼싸움 등의 체험활동을 판매할 수 있다. 새로 카지노 딜러가 된 사람에게 블랙잭 게임의 세부 요령을 가르쳐 주거나 저글링 방법을 가르치는 등의 훈련 체험을 만들 수도 있다.

2016년 초에 시작된 가상현실 체험은 주로 개인 위주였지만 점차 가상현실이 가진 어마어마한 사회적 잠재력을 과시해 나가는 중이다.

마크 저커버그는 가상현실을 일컬어 그가 알고 있는 가장 사회적인 기술이라고 했다. 2016년 10월에 이 책을 마무리할 즈음, 오큘러스는 트래킹이 지원되는 신형 무선 헤드셋을 개발 중이라고 발표했고, 오큘러스 커넥트 콘퍼런스 참석자에게 시제품을 사용해 볼 수 있게 했다.

무선 헤드셋의 개발은 진정한 휴대 기기로의 중요한 진보이자 여럿이 참여하는 소셜 게임을 가능케 하는 요소다.

가격과 판매 시기는 언급되지 않았지만 참석자들은 이런 신형 기기가 2016년 크리스마스쯤에는 출시되리라는 느낌을 받았다고 했다.

큰 숫자, 커다란 미래

2장과 3장에서 이야기한 게임들과 연관된 숫자를 보면 보통 규모가 아니다.

「비즈니스 인사이더Business Insider」지는 가상현실 헤드셋 산업만 해도 2015년의 3,700만 달러 규모에서 2020년에는 28억 달러 규모로 무려 75배 성장을 할 것으로 내다본다. 골드만삭스는 소프트웨어를 포함한 가상체험 관련 부문 전체 수입 규모가 2020년까지 1,100억 달러에 이를 것으로 전망한다. 이는 TV 산업의 첫 5년간 규모보다 크다.

우리는 미래학자이지 회계 전문가는 아니다. 다만 우리가 아는 사실은 가상현실이 매우 짧은 기간 동안 엄청난 성장을 하리라는 점이다.

어떻게 측정하든 가상현실이 메인 이벤트가 된다는 점은 틀림없다. 게임과 엔터테인먼트 분야에서 출발해 소매유통, 산업체, 의료, 교육 분야에서 훨씬 더 커다란 영향을 끼칠 것이다.

가상현실은 기술과 사람 사이를 화면이 가로막지 못하게 하고 현실과 컴퓨터 영상이 정교하게 결합돼 서로를 구분하지 못할 수준으로 가기 위한 기나긴 여정의 중요한 첫 걸음이다.

각각 별개지만 서로 연관된 두 가지 기술인 증강현실과 혼합현실이 있다. 이들 기술의 출발점에 대해, 그리고 이들이 어디로 향하는지에 대해 살펴보겠다.

고개 들고 일어서기

"미래를 바라보자. 그리고 미지의 것을 기대하자."

– 앙겔라 메르켈, 독일 총리

모바일 기술에서 제4차 변혁에 이르는 진화 과정으로 비유하자면 이제 겨우 진흙 바닥에서 기어 나오는 중이다. 세상은 증강현실과 가상현실의 잠재력을 인식하기 시작하는 단계에 왔다. 그러나 사람들이 3차 변혁의 휴대기기에 머물지 않고, 일상에 적합한 가격대와 디자인의 HMD를 머리에 쓴 채 고개를 똑바로 들고 걸어 다니려면 갈 길이 멀다.

지금까지의 가상현실은 적어도 게임과 엔터테인먼트를 획기적으로 변화시킬 수 있는 충분한 역량을 보여줬다.

그러나 우리가 상상하는 거대한 변화에 비하면 그것은 초기 형태에 불과하다. 다시 말해 물 속을 헤엄치다가 이제 겨우 양서류 모습을 보이는 정도의 진화 단계인 상태다. 그들이 육지로 올라와 기어 다니다가, 언젠가 팔을 늘어뜨리고 구부정한 자세로 걸어 다닐 시기가 올 것이다.

궁극적으로 이 위대한 이동은 인간과 기술을 공간 컴퓨팅이라는 새로운 시대로 인도하고 있으며, 그 때 우리는 똑바로 일어서서 어디를 가든 대담한 걸음을 옮길 것이다.

소비자들이 온라인상이나 근사한 고급 매장에서 디자이너 로고가 새겨진, 경쟁력 있는 가격의 세련된 스마트 글라스를 선택하는 날이 오려면 먼저 많은 일들이 일어나야 한다.

머리에 쓸 수 있는 새로운 기기가 필요한 모든 기능을 갖추려면 수많은 기술 장벽을 뛰어넘어야 한다. 현재의 진화는 두 가지 양상으로 전개되고 있다.

우선 첫 번째 양상은 항상 우리 곁에 있는 믿음직스러운 스마트폰 중심의 구도가 유지되는 방향이다. 스마트폰은 유용하고 흥미로운 신규 앱과 각종 기기를 통해 증강현실 기능을 갖춰 나가면서 과거의 휴대폰이 할 수 없었던 일을 해내고 있다. 2016년 이 책을 쓰는 동안에도 휴대폰은 계속 진화 중이다. 스마트폰이 사라지거나 부차적인 장식품 정도로 여겨지는 세상이 오리라고는 상상하기 어렵다.

그러나 지금부터 5년 후에는 상황이 달라져 혁신의 중심은 헤드셋으로 옮겨가게 된다. 헤드셋 보유자는 과거 휴대폰을 사용하던 시간보다 더 많은 시간을 헤드셋을 사용하며 보낼 것이다.

10년 후에는 거의 대부분의 혁신은 헤드셋에서 일어나고, 헤드셋이 디지털 라이프의 중심이 되리라 본다.

헤드셋은 기대 수준을 꾸준히 뛰어넘고 있으며 고객들의 기대보다 신속한 혁신이 이뤄지는 중이다. 게다가 바이브, 메타, 홀로렌즈로부터 들은 내용에 따르면 개발자들의 예상보다 훨씬 빠른 속도로 고객들이 몰려들고 있다고 한다.

2016년 1월에 열린 국제전자제품박람회^{CES}에서 처음으로 헤드셋이 발표될 당시에는 이런 잠재 수요를 아무도 보지 못했다. 그러나 헤드셋은 빠른 속도로 진화했고 10개월 후 수백만 대의 헤드셋을 사용하고 있다. 우리는 이것이 진화의 주된 흐름으로 자리매김 하리라 본다. 공간 컴퓨팅의 시대로 들어서면서 헤드셋이 인류와 동행하게 될 것이다.

그러나 책을 쓰는 시점을 기준으로, 증강현실 분야에서 가장 폭발적인 움직임을 보인 것은 고가의 헤드셋이 아니라 어느 무료 스마트폰 앱이다. 오큘러스 리프트 가상현실 헤드셋에 20억 달러를 투자한 마크 저커버그마저도 글라스가 대세가 되기 전에 우선 스마트폰상에서 증강현실이 널리 사용될 거라고 단언했다. 그의 말이 맞았다.

그럼 오늘날 가장 유명한 증강현실 제품부터 살펴보자.

포켓몬 고를 보라

닌텐도 사는 1996년 게임 보이 콘솔용 포켓몬스터 발표를 기점으로 비디오 게임 세계의 강자가 됐다. 귀여운 만화 캐릭터 같은 동물을 포획하는 이 게임은 해당 분야에서 인기 최고였다. 어린이용으로 개발된 이 중독성 높은 게임은 기술 향상이 이뤄지지 않았고, 10년 가량 버티다가 경쟁 제품에 밀려버리고 말았다.

닌텐도 사가 구글과 손잡고 모바일 게임 회사 나이언틱랩스^{Niantic} ^{Labs}를 세우던 당시, 포켓몬은 거의 잊혀진 존재였다. 그런데 2016년 7월 7일, 미국, 오스트레일리아, 뉴질랜드에서 포켓몬 고를 출시하면서 반전이 일어났다.

그날 저녁, 포켓몬 고는 세계 최고의 다운로드 기록을 세운 앱이 되었다. 나흘 만에 750만 회나 내려받았고 그 달 말까지 7,500만 회 다운로드 됐다. 또한 모든 모바일 게임 앱 중에서 사용자 유지율이 가장 높은 앱 중 하나다. 평균 일일 사용 시간이 43분에 이르는데

이는 인스타그램, 왓츠앱, 스냅챗보다 높다.

게임의 핵심은 그다지 변하지 않았다. 가장 많이 변한 것은 기술이다. 포켓몬 고가 가져온 혁신 세 가지는 다음과 같다:

1. 걸어 다니면서 게임을 한다.
2. 실제 배경 상에 증강현실로 표시된 포켓몬 또는 트로피를 발견한다.
3. 스마트폰 센서를 이용해 게임 공간을 제어한다.

게임 플레이어는 지도를 보면서 걸어 다니는 것으로 게임을 시작한다. 캐릭터를 발견하면 클릭을 하는데 이때 증강현실 상태로 바뀐다. 빨간색과 흰색으로 이뤄진 가상의 공을 던져 캐릭터를 맞추면 목표물을 잡게 되고 점수가 올라간다.

플레이어의 몬스터 볼이 바닥나면 게임을 계속하기 위해 플레이어 주변의 실제 장소인 포켓 스톱을 방문해야한다. 공을 더 많이 얻으려면 포켓 코인을 사용하는데 이는 신용카드로 구입하는 가상 화폐의 일종이다.

거기에 매우 기발한 수익 모델이 있다.

나이언틱랩스에 있는 친구들이 아직 밝히지는 않았지만 우리는 다양한 부가적인 가능성을 그려볼 수 있다. 유명 브랜드는 돈을 내고 포켓몬 트로피에 그들의 로고를 붙일 수 있다. 트로피 하나를 얻으면 브랜드가 약간의 경품을 제공할 수도 있다. 쇼핑몰, 가게, 극장 안에 포켓 스톱을 유치하고 사람들이 가까이 올 때 판촉 정보를 제공할 수 있다.

2016년 8월 현재, 포켓몬 고는 올해 최고의 기술 관련 뉴스로 인정될만하다. 다른 뉴스거리가 상당히 많은 해였음에도 말이다.

포켓몬 고의 인기가 지속될지 아니면 훌라후프나 펫 록$^{Pet Rock}$[1] 처럼 반짝 유행으로 끝날지는 두고 볼 일이다. 만약 이전 버전의 전철을 밟게 된다면 포켓몬 고^{Go}는 포켓몬 곤^{Gone}이 되는 운명이 되겠지.

솔직히 말하면 우리는 아무래도 좋다.

중요한 점은 포켓몬 고를 통해 증강현실이 비록 가장 단순한 형태임에도 불구하고 대중들에게 설득력 있게 다가왔다는 사실이다. 이 단순한 게임이 첫날부터 큰 유행을 일으켰고 6주 이상 그 위치를 지켰다는 점만으로도 충분하다.

이 때문에 증강현실에 무관심했을 법한 1억 명 이상의 사람들이 증강현실을 경험하게 되었다. 그렇다고 이들이 휴대폰을 내던지고 헤드셋으로 몰려든다는 뜻은 아니다. 다만 증강현실이 한 단계 더 현실화됐을 뿐이다. 이제 1억 명이 넘는 사람들이 증강현실에 대해 조금 더 알게 되었고, 더 발전된 경험을 할 수 있으리라는 기대를 하면서 헤드셋 사용을 시도해 볼 가능성이 높아졌다.

우리가 주장하는 진화 비유의 요점이 이것이다. 휴대폰은 증강현실을 일단 맛보게 해주고, 헤드셋은 증강현실과 사랑에 빠지게 한다. 기기가 진화할수록 더 많은 사람들이 헤드셋을 선택할 것이다. 수백만 명의 사용자는 휴대폰과 헤드셋을 함께 사용할 테고, 적어도 5년간 그런 상태가 유지되리라 본다.

오늘날의 케이블이 달린, 투박하고 거추장스러운 헤드셋이 세련되고 모든 기능이 내장된 스마트 글라스로 점차 변해가면서 오늘날의 스마트폰 기능을 흡수하며, 더 나은 사용자 경험을 제공하게 될

---

1 1975년에 엄청나게 유행했던 애완용 돌멩이 – 옮긴이

것이다.

이제 소문난 또 다른 앱을 살펴보기로 하자. 이 앱의 사용자는 수백만 명에 이르고, 그들 중 대다수는 인구통계학상 마케팅 대상으로 새롭게 떠오른 계층에 해당된다.

핀스냅핑

2015년 스냅챗Snapchat은 젊은이들이 선호하는 소셜 플랫폼이 되기 위한 성공 전략으로 스마트폰에 증강현실 기능을 도입했다.

이 전략은 상당한 효과를 보았다. 수입이 0에 가까웠던 시절, 페이스북의 30억 달러 인수 제안을 거절해 비웃음을 사기도 했지만 이제 이 회사의 가치는 200억 달러로 추정될 정도로 성장했다.

마인크래프트 세대와 밀레니엄 세대를 대상으로 한 인기도 조사에서 스냅챗은 페이스북을 앞질렀다. 13세에서 34세 사이의 미국의 스마트폰 사용자 중 60%가 스냅챗을 이용한다. 스냅챗은 2016년 현재 가장 급성장 중인 소셜 네트워크다.

이런 성공의 배경에는 여러 가지 이유가 있다. 그 중에는 동영상과 모바일 기술의 활용도 있고, 동영상을 올린 지 24시간 안에 삭제되도록 해 긴장감과 현실감을 높인 기능도 한몫했다.

스냅챗은 렌즈 기능을 통해 수익 창출에도 성공했다. 이 기능은 증강현실 물고기 머리 안에 있는 자신의 사진을 올리거나 눈에 하트 표시를 만들거나 또는 (이건 스코블이 좋아하는 기능인데) 만화처럼 눈알이 튀어나오면서 입에서는 무지개가 쏟아져 나오게 할 수도 있다.

렌즈 기능은 젊은 사용자들이 쉽고 부담없이 증강현실을 체험하게 한다. 예컨대 친구가 공유한 동영상을 보는 도중에 시계를 보면서 화면을 가로질러가는, 증강현실 버전의 흰 토끼를 볼 수도 있다. 이것은 이 동영상을 올린 사람이 무척 서두르는 중임을 나타낸다.

증강현실 토끼와 무지개는 HTC 바이브 헤드셋 등에서 즐길 수 있는 화면의 세련됨과 우아함에는 미치지 못하지만 사용자는 별도의 지출 없이 증강현실을 맛볼 수 있다. 스냅챗은 전통적인 TV 광고 방식을 현대화해 돈을 버는데 코카콜라, 레드불, 디즈니, 타코 벨 등의 브랜드가 이에 적극적으로 참여하고 있다. 마케팅 담당자들은 특정 시간과 지역을 세분화해 더 젊은 연령층을 표적으로 삼을 수 있다.

이것은 우리가 이전에 썼던 세 권의 책에서 설명한 정밀조준 pinpoint 마케팅의 예다. 이 개념은 사용자의 위치, 시간, 개인 프로필, 구매 패턴에 따라 적절한 판매 제안을 할 수 있게끔 하는 기술이다. 이전 책에서 우리는 마케팅의 실제 현황보다 어때야 한다는 당위성에 대해 더 많이 이야기했다.

마케팅 담당자들은 이제서야 정밀조준 마케팅의 가치를 깨달은 것으로 보인다. 스냅챗은 이 전략을 실질적으로 구현한 덕택에 크게 성장하고 있는 첫 사례에 해당한다. 우리는 그들의 활동을 핀스냅핑이라고 부른다.

몇 가지 예를 살펴보자.

IBM, 딜로이트, SAP 같은 대형 브랜드를 고객으로 삼고, 밀레니엄 세대 공략을 위한 마케팅 전략을 컨설팅하는 브라이언 팬조Brian Fanzo는 스냅챗의 위치 필터를 이용해 대학 농구 시합이나 록 콘서트에 참석한 스냅챗 사용자에게 해당 행사와 연관된 판촉 메시지를 보낼 수 있음을 우리에게 소개해 줬다.

핀스냅핑은 수천 개의 행사에 참석하는 수백만의 사람들에게 한

번에 몇 명 단위로 개별적인 판매 제안을 가능케 해 대형 브랜드가 가깝고 친밀하게 느껴지도록 만든다. 매스 마케팅 대신 이 회사는 일종의 매스 마이크로 마케팅mass micro marketing을 개발했고 초기 결과는 상당한 가능성을 보여줬다.

이 책의 머리말을 쓴 마케팅 전문가 개리 베이너척Gary Vaynerchuk은 「비즈니스 인사이더」와의 인터뷰에서 '스냅챗은 당장 활용할 수 있는 최고의 마케팅 도구'라고 말했다. 그 실례로 2016년 텍사스 주 오스틴에서 열린 사우스바이 사우스웨스트SXSW 행사에서 자신이 직접 시도한 실험 사례를 언급했다.

축제 기간 중 그는 매일 다른 지점에 테이블을 설치하고 각 지점에 스냅챗 위치 필터를 작동시켰다. 그는 근방에 있는 참석자들에게 스냅챗에 그를 만나러 온 이유에 대해 동영상을 올려달라고 부탁했다.

해당 주간 동안 수천 명의 밀레니엄 세대 스냅챗 사용자들이 각자의 영상을 올리면서 이를 수만 명의 친구들과 공유했다. 베이너척은 매일 이들 중 한 사람을 선정해 직접 선물을 전해 줬다. 이때 그들은 베이너척과 또 한 컷의 동영상을 찍는다. 그를 홍보해주는 댓가로 또 한번 홍보해주는 셈이다.

이 새로운 기법을 우리는 '셀러브리티 정밀조준 마케팅celebrity pinpoint marketing'이라고 부른다. 발빠른 마케팅 담당자들이 이 기법을 다양하게 활용하는 방법을 찾아내 유명 인사나 행사, 특정 제품 홍보에 사용하리라 확신한다.

포켓몬 고처럼 스냅챗은 시간과 장소 같은 문맥 요소 활용 효과를 이해하는 마케터들에게 새로운 기회를 제공한다. 이 방법으로 그들은 비용 절감과 동시에 응답률을 높일 수 있으며, 무차별적인 광고 발송의 폐해를 막을 수 있다.

스냅챗은 모바일 소셜 네트워크에서 출발, 모바일 소셜 증강현실 회사의 모습으로 진화하고 있다. 2016년 9월, 스냅챗은 3차원 동영상 촬영이 가능한 스펙터클Spectacles이라는 선글라스를 개당 130달러에 출시했다. 이 기기는 블루투스나 와이파이를 통해 10초 이내의 동영상을 스냅챗 폰 앱으로 전송할 수 있다.

이 안경은 사람의 눈과 동일한 시야각을 갖고 있다. 이 특징은 이 안경이 증강현실 기기로 사용될 때 중요한 요소가 될 것이며, 그 시점이 멀지 않았다고 우리는 생각한다. 이 안경은 스냅챗이 버전스 랩Vergence Labs을 인수하면서 손에 넣은 기술을 활용했다. 버전스 랩은 스냅챗이 인수하기 전에는 일반 안경에 부착하는 작은 3D 카메라를 생산하던 회사였다.

이 책이 마무리될 당시 스펙터클 제품은 막 배송되려는 상황이었다. 만약 첫 제품에 3D 기능이 없다면 미래의 버전에서는 그 기능이 추가되리라 생각한다.

우리는 이 제품이 빠른 속도로 인기를 끌고 가격은 저렴해지는 한편 기능이 늘어난, 최신 유행 스타일을 갖추게 되리라 본다.

스냅챗이 오비어스 엔지니어링Obvious Engineering을 인수한 결과 조만간 스냅챗 사용자는 자신의 모습을 3D 사진으로 담을 수 있게 될 것이다.

스냅챗의 진화를 보여주는 추가적인 단서로, 스냅챗은 회사명을 스냅주식회사Snap, Inc.(스냅챗 모회사)로 바꾸면서 이제는 카메라 회사라고 선언했다. 그냥 카메라 회사라기보다 모바일 소셜 카메라 회사라고 부른다면 더 많은 사람, 특히 밀레니엄 세대와 마인크래프트 세대로부터 열정적인 지지를 받을 것이다.

스냅주식회사는 가장 초보적인 형태의 증강현실을 사용 중이다. 스펙터클은 증강현실의 새롭고 창의적인 모습을 보이고는 있지만 사용자의 움직임을 포착하는 자이로스코프gyroscope와 움직임의 속도를 측정하는 가속 센서accelerometer로 구현 가능한 더욱 풍부한 3차원적 가능성은 놓치고 있다. 또한 증강현실 헤드셋 경험의 일부분인 입체 음향 기능도 제공하지 않는다.

하지만 스펙터클 카메라 안경의 기본 모델은 비교적 저렴하다. 그리고 고급 헤드셋과는 달리 스마트폰 만큼이나 휴대성이 좋다. 포켓몬 고처럼 제품의 단순함과 재미때문에 이 제품의 인기가 높아져, 증강현실을 열정적으로 좋아하게 될 사람들이 엄청나게 늘어날 것으로 기대한다.

스냅챗이 스냅주식회사로 발전한 것은 이 책이 말하는 진화의 개념을 잘 나타내 준다. 사람들이 스냅챗을 사용할 때 고개를 숙이고 손으로 휴대폰을 잡은 모습은 마치 앞 장에서 말한 동굴 속 원시인들의 모습을 연상시키지만, 스냅주식회사의 스펙터클을 이용하면 머리를 들고 똑바로 서게 돼 손은 자유로워진다. 여전히 스마트폰은 필요하지만 시간이 지나면 소셜 네트워크 앱의 기능은 헤드셋 안에 내장될 것으로 보인다.

그것이 자연스런 흐름이다.

고개는 들고 손은 자유롭게

제4차 변혁의 개척자들은 증강현실의 미래가 혼합현실에 있다고 만장일치로 믿는 것처럼 보인다. 현실과 컴퓨터 영상을 정교하게 결합시켜 둘 사이를 구분하기 어렵게 만드는 스마트 글라스는 제4차 변혁의 원동력이 되는 제품 중에서도 메인 이벤트에 해당한다.

왜 그럴까? 그건 증강현실을 경험하는 최선의 방법은 헤드셋이기 때문이다. 세계적으로 가장 큰 산업체에서는 이미 오래 전부터, 즉 소비자 시장에서 증강현실이라는 표현이 사용되기 한참 전부터 증강현실의 활용을 시도해 왔음을 알게 된다면 놀랄 일이다.

증강현실 글라스의 개념은 1960년대부터 있었다. 당시에는 중공업과 현장 노동자들이 그걸 사용했었다. 8장에서 작업자들의 증강현실 활용 현황에 대해 더 설명하겠다. 이 장에서 그 사실을 언급하는 이유는 이 기술이 제4차 변혁을 움직이는 근본적인 원동력임을 입증하는 추가 단서가 되기 때문이다.

1999년에 세워진 오스터하우트 디자인 그룹ODG, Osterhout Design Group 은 머리에 쓰는 증강현실 기기의 할아버지 뻘에 해당한다. 랄프 오스터하우트Ralph Osterhout는 방위 산업 비즈니스를 위해 ODG를 설립하기 이전에는 군용 야간 투시장치와 스쿠버 다이버를 위한 헤드업 디스플레이를 설계했다. ODG는 여전히 방위 산업 비즈니스를 하지만 일반 산업체, 에너지, 자동차와 농업 분야에도 진출했다. 또한 증강현실 소프트웨어 개발자들이 선호하는 하드웨어 제조업체다.

2016년에 ODG R-8 모델이 출시됐다. 헤드셋으로는 8세대, 3D 기술 활용으로는 3세대 기기로 완성도가 꽤 높은 제품이다. 두 개의 작은 스크린이 장착된 이 제품은 넓은 시야각이 매우 인상적이었다. 헤드원Headworn의 니마 샴스Nima Shams 부사장은 그 스크린이 약 2미터 앞에 설치된 100인치 TV 화면에서 고화질 영화을 보는 것과 동일한 경험을 제공한다고 말했다.

ODG의 협력사 중 하나인 BMW는 미니Mini 자동차 운전자를 위한 소프트웨어를 내장한 헤드셋을 만들었으며, 운전자는 대시보드를 내려다 보지 않고 필요한 정보를 안전하게 확인할 수 있다. 스탠포드 대학교 메디컬센터와 존스홉킨스 대학교는 실명의 주된 원인인 황반 변성 환자들의 시력 회복을 위해 ODG 증강현실 안경을 사용한다.

증강현실이 널리 보급됨에 따라 ODG는 새로운 경쟁자를 맞이하게 된다. 2016년 여름에 창업한, 실리콘밸리의 앳히어 에어^{Atheer Air}는 증강현실 헤드셋 부문의 신예 주자다. 와이파이, 블루투스, 4G LTE 통신 로밍 기능을 갖춘 오픈 시스템이라는 점이 이들의 경쟁력이다. 사용자는 3차원 제스처와 직접 음성 통화로 서로 소통할 수 있다.

앳히어 에어는 ODG가 별로 눈여겨보지 않았던 '현장 기술자'를 주요 소비자로 삼는다.

이런 사례는 얼마든지 있다.

오늘날 적어도 10개의 증강현실 헤드셋 브랜드가 존재하며, 우리는 그 숫자가 몇 년 안에 두 배로 늘어나리라 확신한다. 헤드셋 모양이 큰 문제가 되지 않는 산업과 틈새 환경에서 증강현실의 가치가 높아지는 것을 본다. 이런 환경에서는 작업자들의 손을 자유롭게 해 보수 공사, 야외 작업, 원격 수술 등에 필요한 정보를 제공하는 것이 중요하다. 또한 자동차, 보트, 열차, 비행기를 운전하는 이들에게 대시보드 정보를 더욱 안전하게 전달할 필요가 있는데 이런 응용 분야에서 증강현실 헤드셋이 빛을 발한다.

시장에 경쟁자가 많다는 건 소비자들에게는 좋은 소식이다. 경쟁은 혁신을 부추기고 가격은 떨어뜨리니까 말이다.

이제 시작에 불과하다

4장에서는 작은 발걸음에 대해 이야기했다. 그러나 그 발걸음은 조만간 모든 영역에 있어서 엄청난 변화를 가져오리라 예상된다.

진화와 관련된 비유를 확장하자면, 인류가 늪에서 벗어나 두 손을 자유롭게 사용할 수 있는 현대인으로 진화하기까지 엄청난 시간이 걸렸다.

앞으로 다가올 공간 컴퓨팅의 시대를 향한 기술의 진화가 어떤 모습으로 나타날지 생각해 볼 때가 왔다. 앞서 언급한 혼합현실 분야의 메인 이벤트로 들어가 보자.

메인 이벤트

"현실이든 환상이든 조지, 넌 그 차이를 모르잖아."

– 에드워드 올비(Edward Albee), 연극 「누가 버지니아 울프를 두려워하랴」 극작가

앞에서 우리는 혼합현실이야말로 메인 이벤트라고 했지만 이 글을 쓰는 시점에, 누가 증강현실 헤드셋을 쓰고 술집이나 직장이나 쇼핑몰을 돌아다녔다는 등의 이야기는 들어본 일이 없다.

그럼 지금 이 이야기를 하는 이유는 무엇인가?

왜냐하면 매우 빠른 속도로 일이 진행 중이고 여러 회사, 특히 거대 기업들은 신기술에 완전히 빠지기 전에 우선 발끝부터 넣어 보기를 좋아하기 때문이다.

이미 수백만의 사람들이 가상현실과 증강현실 기술을 받아들였고 더욱 많은 시간을 가상현실과 증강현실에 쓰고 있다. 그리고 이 것은 서막에 불과하다.

초기 혼합현실 헤드셋은 이미 등장했고 더 많은 제품이 출시를 기다리고 있다. 이들 제품은 아직은 소비자용이 아니다. 헤드셋 한 대에 3천 달러나 하고 현재 디자인은 수년 전 구글 글라스가 받았던 싸늘한 반응을 불러일으킬 만하다. 소프트웨어는 아직 업무나 실생활에서 의사소통에 활용할 만한 수준이 아니다. 혹시 독자가 이 글을 읽을 때 즈음에는 상황이 많이 나아졌을지도 모르겠다.

우선 혼합현실의 현황을 살펴보고, 당면한 도전 과제가 무엇인지 이야기해 보자. 그리고 그 도전 과제가 큰 장벽이 아니라 낮은 과속방지턱에 불과하다고 보는 이유를 설명하겠다.

다윗과 골리앗

디지털 업계의 모든 변혁은 새로운 하드웨어의 출시와 맥락을 함께한다. 이미 출시된, 그리고 조만간 출시될 하드웨어는 언제나 큰 흥분을 불러일으켰다. 아마도 그런 배경에서 당신이 이 책을 읽게 됐을 수도 있다.

하드웨어가 계기가 되어 변혁이 시작될 수는 있지만 초기 얼리어답터를 넘어 주류 상품으로 진화하려면 소프트웨어가 필요하다. 1장부터 4장까지 살펴 보았듯이 가상현실 소프트웨어와 경험 영역에서 이미 많은 일이 진행 중에 있다.

우선 뉴스에 빈번하게 언급되고 많은 관심과 기대를 갖게 만든 몇몇 헤드셋 제품에 대해 알아보자.

연달아 발표된 혼합현실 헤드셋

2016년 3월에 열린 인기 있는 TED 콘퍼런스에서 마이크로소프트의 홀로렌즈와 실리콘 밸리의 스타트업 기업인 메타^{Meta}는 연달아 발표된 프레젠테이션에서 각각 최초의 혼합현실 헤드셋을 공개했다. 둘 다 뜨거운 반응을 불러 일으켰다.

시연에서 두 제품은 저마다의 특징을 보여줬지만 발표의 결정적인 마무리를 위해서 두 제품 모두 같은 앱을 골랐다. 그들은 서로 떨어진 공간에 있는 두 사람이 실시간으로 대화하는 모습을 보여줬다. 이것은 이전의 변혁에서는 '전화 통화'라고 불렀던, 그리 대단하지 않은 일이었다. 하지만 이번의 대화는 스타트렉 버전에 가까웠다. 아니, 사실 그 이상이었다.

메타의 CEO이자 공동 창업자 메론 그리베츠^{Meron Gribetz}가 신제품 메타2를 이용해 동료에게 전화를 걸었을 때 그 동료는 실시간 홀로그램의 형태로 무대 위에 나타났다. 두 사람은 함께 정확한 주먹 하이파이브^{fist bump}를 교환했으며, 이것은 혼합현실로 구현한 가상의 손이 얼마나 실감나게 느껴지는지를 보여줬다.

홀로렌즈는 한 걸음 더 나갔다. 홀로렌즈를 만든 알렉스 킵먼^{Alex Kipman}은 길 건너편 호텔 방에 있는 미국 항공우주국^{NASA} 관계자와 이야기를 나눴다. 하지만 행사 참석자들과 실시간으로 현장 중계를 보고 있는 이들에게는 항공우주국 사람이 화성에 있는 것처럼 보였다. 3차원 배경은 화성 탐사 장비인 로버가 보내온 영상 데이터를 바탕으로 구성된 화면이었다.

B2B 협력사

아마도 그 누구보다도 많은 협력사를 오랫동안 보유한 마이크로소프트는 트림블 아키텍쳐^{Trimble Architecture}, 케이스 웨스턴 리저브 대학교^{Case Western Reserve University}, 볼보, 사브, 아우디, 폭스바겐, 리바이스, 로우스^{Lowe's}, 유니티, 오토데스크, 디즈니 등과 계약을 체결했다고 발표했다. 이들 회사는 각각의 소비자 전략을 염두에 두고 있는 듯하다.

그러나 마이크로소프트는 엑스박스^{XBOX} 콘솔 등의 플랫폼을 통해 소비자와 직접 접촉하는 통로를 개척하고 있다. 엑스박스는 MR 마인크래프트 같은 혼합현실 게임을 여러 소매점 채널에 유통시킴으로써, 또 스카이프를 통해서는 아마도 TED 콘퍼런스에서 선보였던 종류의 대화를 가능케 함으로써 일반 소비자와 연결하려고 한다.

마이크로소프트의 최고마케팅경영자^{CMO}, 크리스 카포셀라^{Chris Capossela}는 홀로그램 출시 후 2개월이 지난 2016년 4월, "우리는 이 제품에 대한 소비자들의 관심을 완전히 과소평가했다."고 밝혔다. 마이크로소프트는 밀린 주문을 소화하느라 진땀을 흘리고 있다. 세계적인 강자가 지르는 즐거운 비명이라고나 할까?

메타의 최고제품책임자^{Chief Product Manager} 소렌 하너^{Soren Harner}는 TED 콘퍼런스 발표 이후 2개월 동안 메타2를 사겠다고 몰린 주문량이 주력 제품이었던 메타1을 판매한 18개월 동안의 모든 주문량을 거뜬히 앞질렀다고 우리에게 직접 말해 주었다. 또한 메타는 의료, 자동차, 에너지, 제조업, 항공우주, 국방과 금융 등 7개 영역에서 가장 인기가 높았다고 했다. 또한 더 신나는 놀이기구 경험을 고객들에게 제공하고 싶어하는 어느 유명 테마 공원과의 계약 체결 소식도 전했다.

이 스타트업은 회사는 세계 최대 PC 제조사인 중국의 레노보^{Lenovo}, 중국 최대의 소셜네트워크 회사인 텐센트^{Tencent}, 그리고 대형 신문사인 컴캐스트^{Comcast}로부터 총 5천만 달러의 투자를 받았다. 이 세 투자회사 모두 소비자 시장과 깊은 연관성이 있음은 물론이다.

2016년 6월, 레노보의 CEO 양위안칭^{楊元慶}은 레노보가 '단순한 컴퓨터 제조사'를 넘어서기 위한 세계 전략의 일부로 메타를 선택했다고 발표했다.

이러한 초기 성공의 예를 보건대, 조만간 가격과 디자인 문제가 해결되면 혼합현실 헤드셋 고객이 증가하기 시작할 것이다.

제품 일체화와 소프트웨어 문제

이 제품들이 아직은 소비자에게 대량 유통될 만한 상황은 아니라는 데에 두 회사 모두 동의할 것이다. 홀로렌즈는 개당 3천 달러나 하고, 시야각이 좁아서 마치 우편함 입구를 통해 HDTV를 보는 느낌이라는 비판을 받기도 했다. 더 큰 문제는 메타2가 여전히 컴퓨터와 케이블로 연결된 상태로 사용된다는 점이다.

그러나 이런 점들이 소비자 시장 공략을 가로막는 커다란 장벽은 아니다. 다만 과속방지턱에 불과하다. 때가 되면 무어의 법칙에 의해 해결될 수 있는 문제다.

그보다 더 큰 두 가지 문제가 있다:

1. **일체화(self-containment)**: CPU, GPU그래픽 처리 장치, 와이파이, 전원, 전선, 센서, 카메라, 3D 화면, 입체 음향 등의 다른 부품들은 모두 단일한, 웨어러블 핸즈프리 기기에 내장돼야 하고, 궁극적으로 대체하게 될 스마트폰과도 독립적이어야 한다.

2. **소프트웨어**: 구글 글라스의 불운한 출발 이후 소프트웨어가 얼마나 발전했는지 놀랍기만 하다. 그 이야기는 이번 장과 6장에서 더 이야기하겠다. 하지만 업무용과 커뮤니케이션 소프트웨어를 포함해 앞으로 몇 년간 더 많은 발전이 따라야 한다.

   우리가 지금까지 이야기한 게임과 엔터테인먼트도 더 많은 개선이 필요하다. 가상현실은 자동차를 운전하거나 걸어다니는 상황에서도 사용될 수 있도록 사용성이 향상되어야 한다. 오늘날 사람들이 좋아하는 포켓몬 고와 스냅챗은 혼합현실 글라스가 앞으로 보여줄 기능들에 비하면 동굴 벽화 정도로 보일 것이다.

향후 2년에서 5년 사이에 이 두 가지 문제가 해결되리라 확신한다. 그 이유는 아직 물밑에서 조용히 작업 중인 하드웨어 제조사들이 있고, 세계 최고로 창의적인 인재들이 이 분야의 소프트웨어 개발에 참여하기 시작했기 때문이다.

한편 우리는 문자 그대로 전대미문의 소프트웨어의 발전을 지켜보는 중인데, 왜냐하면 개발자들이 이전에는 존재하지 않았던 기술로 작업하고 있기 때문이다.

소프트웨어 스튜디오

최근의 소프트웨어 개발 방식은 영화 제작과 닮았다. 개발자들의 일터를 스튜디오라고 부르는 추세고, 소프트웨어를 설계하는 사람들은 영화 제작자와 애니메이션 작가들을 점점 더 닮아간다. 이 소프트웨어가 1장에서 언급한 비주얼 웹을 구현할 것임을 감안하면 그럴 만도 하다.

시애틀에는 룩닷아이오Loook.io라는 디자인 스튜디오가 있다. 이들은 헤드셋 제조사를 위해 혼합현실 콘텐츠를 만든다. 현재 그들의 최대 고객은 홀로렌즈다. 다음은 2016년 여름, 스코블이 그들을 방문하고 나서 적은 내용이다:

그들 사무실로 걸어 들어가면 거기에는 사무실이 없다. 있는 거라고는 사람들과 블루투스 키보드뿐. 키보드를 누르면 희한하고 멋진 일들이 벌어진다.

누군가가 키보드를 누르면 맨 벽에 갑자기 창문이 나타난다. 또다시 키보드를 누르면 좀비가 그 창을 통해 기어들어 오기 시작한다. 공중에 떠다니는 가상의 버튼을 누르면 스카이프 통화가 시작되고 방안에 홀로그램 형태로 대화 상대가 나타난다.

한 번 더 클릭하면 우리 위에 다섯 개의 커다란 컴퓨터 화면이 둥둥 떠다닌다. 이 화면을 통해 팀 구성원들의 작업에 필요한 모든 정보와 도구가 제공된다.

이런 가상의 모니터는 세상을 바꾼다. 제4차 변혁 시대에는 컴퓨터도 가상이어서 모니터 제조사한테는 미안한 이야기지만 사무 공간과 비용을 크게 절감할 수 있게 된다. 사용자를 둘러싼 모든 공간이 인터페이스가 되면 모니터는 내가 룩닷아이오에서 본 것처럼 가상 공간 속으로 접어 넣을 수 있는 대상 중 하나가 될 뿐이다.

스코블이 눈길을 어디로 두든, 그는 앞으로 5년 안에 집과 가게, 공장과 병원 등의 수많은 장소에서 보게 될 희한하고도 유용한 물건들을 볼 수 있었다.

룩닷아이오 뿐만이 아니다. 혼합현실 스튜디오는 전 세계 곳곳에 생겨나고 있고, 가장 재능 있고 창의적인 디자이너들을 끌어 모으는 중이다. 로스앤젤레스에는 거의 의료용 대마초 흡연실만큼이나 많은 3D 디자인 스튜디오가 있다.

혼합현실 기술

이미 언급한 대로 혼합현실은 가상현실과 증강현실의 최고의 특징을 조합하되, 실재와 가상이 매우 정교하게 결합돼 그 둘 사이를 구분하기 어려울 정도가 될 것이다. 햅틱 기술을 이용하면 혼합현실 헤드셋 사용자는 촉감과 온도도 느낄 수 있다.

이 마법 같은 체험을 설명하는 효과를 몇 가지 설명해 보겠다.

- **허공으로부터 빛을 빨아들인다.** 광학 부품은 시야에 들어오는 빛을 차단하고, 실재 대신 컴퓨터 영상을 보여준다. 매직리프Magic Leap의 시연 영상에서 볼 수 있는 체육관 바닥에서 솟아오르는 고래의 영상이 그 예다.
- **당신을 관찰한다.** 렌즈에 내장된 센서는 당신의 시선을 추적한다. 예컨대 진열대 위의 코카콜라를 바라볼 때 3D 이미지가 불쑥 나타나 판촉 활동을 하거나 성분 함량에 대한 정보를 전해줄 수 있다.
- **당신에 대해 배운다.** 당신의 기기는 인공지능을 이용해 당신의 시선을 추적하며 당신의 눈이 어떻게 반응하는지를 지켜보면서 당신이 무엇을 좋아하는지, 무엇을 보고 웃는지를 파악한다. 또 당신이 지루함을 느끼거나 술에 취한 때를 알 수 있고, 당신의 위치와 바라보는 대상을 통해 당신이 무엇을 원하는지를 알아낼 수도 있다. 우리 경험에 의하면 이것은 유용한 동시에 소름 끼치는 일이다.
- **소리를 증강시킨다.** 입체 음향은 실제 소리보다 더 좋은 청각 경험을 만들어낸다. 콘서트장에서 이어폰을 착용하면 마치 악기들이 주변을 감싸는 듯한 느낌을 받을 수도 있다.
- **주변 환경 전체가 인터페이스가 된다.** 혼합현실에서는 화면의 장벽이 사라지고 당신이 기술에 둘러싸이게 된다. 물론 가짜라는 걸 알고는 있지만 헤드셋을 쓰고 몇 분만 지나면 당신의 두뇌는 보이는 것들을 현실로 받아들이게 된다. 이것이 바로 제4차 변혁의 궁극적 목적지인 공간 컴퓨팅이다.
- **주변 환경의 3차원 지도를 만든다.** 혼합현실 글라스 내의 센서는 당신이 보는 모든 사물의 3차원 지도를 작성한다. 당신이 앉

은 위치 주변의 탁자와 마루 바닥을 지도 데이터로 변환한다. 어디를 보든, 보이는 모든 것이 지도 데이터로 바뀐다. 이 지도 데이터는 사물을 시각적으로 구분할 수 있도록 만드는 새로운 공간 컴퓨팅 과학의 필수 요소다. 이를 통해 당신이 원하는 제품을 인간의 언어로 자세하게 표현하지 않아도 온라인 쇼핑이 가능해진다.

- **사물을 만지고 움직일 수 있다.** 지도 데이터로 변환된 대상은 조작이 가능해지고 그 위에 메뉴를 덮어씌울 수도 있다. 이를 통해 사물인터넷에 연결된 사물들과의 상호작용이 가능하다.
- **데이터를 눈으로 볼 수 있다.** 당신의 글라스는 사물인터넷과도 연결돼 있어서, 다른 사물인터넷 장치와 접속할 때 해당 장치에서 데이터를 읽어 들일 수 있다. 이를 통해 실내 온도를 조절하거나 가게에 전시된 물건을 구입하고, 콘퍼런스에서 만난 사람의 배지badge에 저장된 정보를 통해 상대방의 이력을 확인할 수도 있다.

어떤 기기가 혼합현실인지 여부는 착용해 보면 누구나 금방 알 수 있다. 하지만 비즈니스 관점에서 (사용자 입장에서도 마찬가지지만) 우리는 홀로렌즈나 메타2 같은 기술의 작동 원리를 이해할 필요가 있다고 본다.

숨은 거인들

소비자용 혼합현실 시장에서 강력한 경쟁자가 될 두 회사가 있다. 마이크로소프트와 메타의 경우처럼, 하나는 기술 산업계의 리더이고 다른 하나는 시장에 처음 등장한 스타트업이다.

이 중 스타트업은 상당한 화제를 일으킨 바 있는 매직리프^{Magic}^{Leap}다. 플로리다에 본사를 둔 이 회사는 구글과 알리바바를 필두로 한 투자자들로부터 기록적인 13억 달러 투자를 받았다. 이 글을 쓰던 때, 이들에게는 아직 완제품도, 고객도 없으며, 예상 출시일도 발표된 바가 없다. 하지만 비밀유지 계약 하에서 제품을 직접 다뤄본 이들은 모두 최고라고 입을 모은다.

한 예로, 20세기 폭스 소속의 미래학자 테드 쉴로위츠^{Ted Schilowitz}는 매직리프가 '첫 3조 달러짜리 아이디어'라고 우리에게 말했다. 그건 상당한 칭찬이다. 인간의 첫 달착륙 프로젝트에 투입된 금액을 현재 가치로 환산한 액수의 7배에 달하는 금액이기에 그렇다.

또 다른 회사는 애플인데 여러 회사를 인수하고 특허를 신청하면서 혼합현실 기기 시장에서 판을 키워보겠다는 의사를 내비쳤다. 조만간 지구에서 시가총액이 가장 큰 세 회사 중 하나가 될 가능성이 높은 애플은 이미 형성된 시장에 진입한 후 최고급 사업부문을 장악하는 사업 전략을 구사해 왔다.

이런 판도를 다윗과 골리앗의 싸움이라고 부른다면 매직리프는 그 누구보다 가장 크고 가장 승산이 높은 다윗일 것이다. 이 회사를 먼저 살펴보자.

여러 경로를 통해 파악한 바로는 매직리프는 홀로렌즈나 메타보다 더 우수한, 다른 종류의 혼합현실 시스템을 채용하고 있다.

단순하게 말하자면, 기존 두 제품은 사람의 시선을 따라가면서 심도 센서, 카메라 자이로스코프, 가속 센서 등을 이용해 사용자가 무엇을 보고 있는지를 파악한다. 이어 그들은 포인트 클라우드를 만들고 그 위에 가상의 사물을 그려낸다.

이런 시스템은 탁월하다. 실제 사물 위에 컴퓨터가 만들어낸 이미지를 덧씌우고 이를 만지거나 조작할 수 있게 한다.

그러나 비밀유지 계약을 맺고 매직리프를 직접 확인한, 선택된 소수의 표현에 의하면 이제껏 본 혼합현실과는 비교가 안 된다고 말한다. 매직리프는 이 기기를 착용한 사람이 실재와 가상을 거의 구분하지 못할 정도의 시각적 효과를 만들어 낸다. 그 이유는 이전의 헤드셋에 비해 매우 우수한 광학 시스템을 사용하기 때문이다.

매직리프 기기는 오늘날 사람들이 착용하는 일반 안경과 크게 달라 보이지 않는다. 하지만 그 안에는 미세한, 나노 수준의 외향 반사경을 장착했다. 현실의 광경 위에 이미지를 투사하는 대신, 이 거울이 바깥 광경을 완전히 차단하고, 그 대신 가상의 이미지를 보여주어 훨씬 더 뚜렷한 이미지를 구현한다.

원고 마감 직전, 스코블이 사내 창업자로 있는 「업로드 VR^UploadVR」지에 조노 맥두걸^Jono MacDougall이 한 편의 심층 기사를 기고했다. 맥두걸은 특허 자료, 구직 신청서, 회사 소개서 등을 파헤쳐 매직리프를 심층 조사했다.

맥두걸의 기사 내용을 보면 헤드셋은 일반 안경에 비해 약간 더 크지만 많이 무겁지는 않다. 다른 회사가 해내지 못한 기능을 구현하기 위해 매직리프는 안경테 안에 내장되는 기술을 줄여 CPU, GPU, 전원 공급 장치, 와이파이, 블루투스, RAM, 그리고 핵심 레이저 투사 시스템^laser projection system을 화면 없는 스마트폰처럼 생긴 휴대용 기기로 이동시켰다. 이 기기와 헤드셋은 USB 케이블로 연결된다.

바깥쪽을 향한 카메라도 주변으로 재배치되었다. 부분적인 이유로는 몰래 카메라로 인한 사생활 침해 문제를 방지하기 위해서다.

맥두걸은 이 스마트 기기가 다른 유사한 기기에서 본 화면과는 확연하게 다른 수준의 현실감을 제공한다고 결론지었다.

매직리프 기기는 현재의 홀로렌즈나 메타2 장비를 훨씬 능가하는 수준이다. 이는 저커버그가 상상한 방향으로의 거대한 진보가 될 것이다. 무어의 법칙에 따라 휴대용 기기에 내장되는 부품의 크기 축소와 성능 향상은 시간 문제다.

여기에서 '현재'라고 굳이 강조한 것은 홀로렌즈가 제품을 어느 시점에 출시할지 모르기 때문이다. 또한 그 때가 되면 각각의 제품이 얼마나 향상되었을지도 알 수 없다. 출시 시점이 2017년, 2020년, 또는 2022년 중 언제가 되느냐에 따라 제품이 미치는 파급효과에 큰 차이가 있다.

매직리프의 개발자용 시연 제품은 2017년에 등장할 거라는 소문도 있지만 결국은 그 때가 돼야 알 수 있다.

우리가 상상하는 그런 제품은 또한 시장에 출시되지 못할 가능성도 있다. 하지만 우리는 출시되리라 믿는다.

또 다른 숨은 거인에 대해서도 마찬가지다.

카리스마와 오만함

2016년 10월은 스티브 잡스의 사망 5주기였다. 비전은 멀리 보되 지난 과거는 빨리 잊어버리는 기술 업계의 특징에도 불구하고 잡스의 영향력은 여전히 느껴진다.

판도를 바꾸는 하드웨어를 꿈꾸고, 키워내고, 현실화하는 데 있어 잡스만한 인물은 전무후무하다. 그런 하드웨어란 물론 매킨토시, 아이폰, 아이패드를 말한다. 그는 여러 행사에 나서서 중요한 제품을 직접 소개하면서 자신만의 독특한 카리스마와 오만함을 드러냈다.

그의 전략은 일관적이었다. 애플은 시장을 개척하지 않는다. 그는 다른 회사가 먼저 위험을 부담하고 기술 개척에 따른 뼈아픈 교훈을 맛보게끔 한다. 그 후 몇 년이 지나 시장성이 입증된 다음에야 비로소 무대에 등장해 애플의 진입을 선언한다. 그리고 이전에 출시됐던 제품들을 싸잡아 쓰레기라고 폄하하곤 했다.

애플의 제품은 더 우아하고, 비싸지만 제 값어치를 한다는 이유 때문에 시장은 꾸준히 잡스에게 동의해왔다. 왜냐하면 다른 물건들은 애플 제품만큼 좋지 않았기 때문이다.

잡스가 세상을 떠난 이후 애플이나 그 누구에 의해서도 판을 뒤엎을만한 혁신적인 하드웨어는 만들어지지 않았다. 혼합현실 헤드셋이 등장하기 전까지는 말이다.

쿠퍼티노에 본사를 둔 이 거인은 새로운 CEO인 팀 쿡 체제에서도 잡스가 살아 있을 때와 마찬가지로 비밀 엄수 방침을 철저하게 지키고 있다.

애플은 2천억 달러 이상의 현금을 보유하고 있다. 따라서 2012년 이후 15개의 기술 스타트업을 인수하는 데 수십억 달러를 지출한 결정은 애플 입장에서는 당신이 빵 한 조각을 추가 구입한 정도의 영향일 것이다.

애플이 인수한 회사에는 센서 칩과 카메라, 실내외 지도, 3D와 360도 카메라, 안면 인식과 변형 소프트웨어, 가상현실 소프트웨어, 모션 캡처와 심도 감지 기술, 머신 러닝과 데이터 압축 등을 다루는 회사가 포함돼 있다. 이 모든 기술을 활용하면 현재 출시된 혼합현실 기기들을 뛰어넘은 차세대 혼합현실 기기를 만들 수 있을 것이다.

애플은 한 국가인 영국보다 더 많은 현금을 보유하고 있다. 주로 컴퓨터와 최근 출시된 아이폰 판매를 통해 모은 재산이다. 이 두 부문의 판매 수익은 감소할 전망이어서 구글과 마찬가지로 애플은 자율주행 자동차와 증강현실 등 가까운 미래를 위한 신기술을 발굴하고 있다. 물론 그렇게 추측할 뿐이다. 애플은 자사의 계획을 다른 아무도 알 수 없도록 깊이 감춰놓기 때문이다.

우리는 매직리프에 대해 모르는 게 많지만 애플에 대해서는 더더욱 많다. 만약 애플이 헤드셋을 발표할 시점이 가깝다면 그것은 매직리프가 무슨 일을 하고 있는지를 알아내기 위해 맥두걸이 벌였던 철저한 조사 작업을 통해서야 알아낼 수 있을 것이다. 어쨌거나 애플의 헤드셋이 나오려면 몇 년을 기다려야 할 것으로 추측한다.

팀 쿡이 전임자의 카리스마나 오만함을 따라잡기 힘들지도 모른다. 그러나 그는 장기전략을 구사하는 노련한 선수로서 이 분야에서 벌어지는 경쟁이 애플의 사운을 좌우한다는 사실을 잘 이해하고 있다.

기존의 하드웨어 제조사들은 과거의 방식을 답습해서는 결코 살아남지 못한다. 살아남는다고 해도 시어즈Sears 백화점이나 가전회사인 메이텍Maytag의 수리공 같은 존재로 전락할 뿐이다. 현실이 그렇다.

한편 메타와 홀로렌즈에 있는 친구들은 숨은 거인들이 모습을 드러내기 전에 가능한 한 저 멀리 앞서나가려고 제품 향상을 위해 분발할 것이다. 한편 매직리프와 애플은 제4차 변혁을 향해 멀리 발돋움하기 위한 결정타를 날릴 제품을 은밀히 준비하고 있다.

과연 누가 승자가 될까? 우리 모두가 승자가 된다. 왜냐하면 디지털 기술은 우리의 상상 이상으로 소비자와 직장인들에게 큰 도움을 줄 것이기 때문이다.

솔직히 말하면 우리는 헤드셋 제조사 중 누가 승자가 되든 상관이 없다. 이들 간에 벌어질 커다란 경쟁을 보는 것도 흥미롭지만 우리에게 더 중요한 점은 뛰어난 네 회사가 최선을 다해 제품을 개발하고 개선하려고 노력 중이라는 사실, 그리고 무수한 개발자들이 그 아무도 보지 못한 제품들을 창조해 내고 있다는 사실이다. 언제나처럼 밀레니엄 세대와 마인크래프트 세대의 수요가 가까운 미래에 일어날 일들의 원동력이 될 것이다.

제4차 변혁은 멈출 수 없다.

그런데 스티브 잡스가 즐겨 사용하던 표현처럼 '한 가지가 더' 있다.

가까운 미래에 스마트 글라스를 쓸 때가 되면 사용자가 원하는 바를 어떤 방식으로 기계에 전달할 수 있을까?

이 질문에 우리는 어떻게 대답해야 할지 잘 몰랐다. 하지만 아이플루언스Eyefluence라는 회사를 만나고 나서 그 해답을 발견했다.

잃어버린 고리

> "눈은 영혼의 창이다."
>
> **- 영어 격언**

영문법에서 동명사는 '-ing'로 끝나는 단어를 가리킨다. 지난 세 차례 일어난 변혁의 인터페이스를 표현할 동명사 찾기는 쉬웠다. 그것은 바로 타이핑^{typing}, 클릭킹^{clicking}과 터칭^{touching}이다.

그런데 제4차 변혁을 나타내는 동명사를 찾는 데는 시간이 좀 걸렸다. 사람들이 헤드셋을 쓰고 어떤 식으로 상호작용을 할지에 대해 다양한 의견을 청취했는데 태핑^{tapping}, 윙킹^{winking}, 블링킹^{blinking}, 트래킹^{tracking}, 토킹^{talking}과 제스쳐링^{gesturing} 등이 거론됐다.

이 중 제스쳐링과 토킹, 두 가지가 계속 마음에 남았다. 물론 이들은 빈번하게 사용될 것이다. 그러나 그 무엇보다 우리는 모두 인터랙팅^{interacting}할 것이다. 앞 장에서 언급한 상황과는 달리 6장에서는 그것을 가능하게 할 단 하나의 회사를 발견했다.

그 회사는 바로 아이플루언스^{Eyefluence}다. 이 회사는 아이폰, 맥, DOS가 사람들의 업무 방식과 생활을 바꾼 것만큼이나 우리의 삶을 바꾸고, 헤드셋 사용자를 똑바로 서게 하는 결정적인 역할을 할 것이다.

2013년, 톡톡 두들기고^{tapping} 말로 명령을 전달하는^{talking} 구글 글

라스가 허우적대던 시기에 연달아 두 개의 스타트업을 성공시킨 창업가 짐 마그라프Jim Marggraff와 데이빗 스티어David Stiehr는 아이트래킹eye-tracking이라 부르는 시선추적 소프트웨어 기술을 손에 넣었다.

이것 자체는 대단한 일이 아니다. 시선추적 기술의 역사는 130년 이상이나 되었다. 이 기술이 컴퓨터에 응용된 시기는 심리학자 마르셀 저스트Marcel Just와 패트리샤 카펜터Patricia Carpenter가 눈으로 무언가를 보는 순간 이를 두뇌가 어떤 방식으로 처리하는가에 대한 이론을 세웠을 때다.

컴퓨터 시선추적 기술은 심리학과 심리언어학을 비롯한 여러 의료 분야에서 활용된다. 이 기술은 고개를 끄덕이고 눈을 깜박거리는 행동을 통해 사지마비 환자가 화면상의 사물을 움직일 수 있게 한다. 스티븐 호킹의 음성 합성 시스템도 시선추적 기술을 이용한 것으로 그의 생각을 음성으로 표현할 수 있게 돕는다.

2016년에 시선추적 기술은 세간의 주목을 받은 포브Fove라는 가상현실 헤드셋의 형태로 공간 컴퓨팅 세계에 발을 들여놓았다.

그러나 마그라프는 아이플루언스 사가 시선추적 기술을 기반으로 더욱 새롭고 뛰어난 아이 인터랙션Eye Interaction이란 기술을 만들었다고 말한다. 단순히 사용자의 눈을 지켜보며 윙크, 깜박임, 끄덕임, 또는 손의 움직임을 통해 신호를 받는 데에 그치지 않고 이 기술은 손짓이나 목소리 없이도 사용자의 의도를 알아채고 행동으로 옮긴다.

마그라프는 이런 접근을 하는 개발자는 아이플루언스가 유일하다고 주장한다. 기술의 핵심 권리를 보호하기 위해 30개의 특허를 신청했고, 여러 개발 단계에서 대부분의 주요 헤드셋 제조사, 기업, 브랜드와 협력 관계를 맺었다고 말했다.

우리는 이 기술이 거의 모든 혼합현실 글라스에서 사용되리라 생각한다. 아마도 매직리프, 애플, 그리고 은밀하게 준비 중인 다른 회사들도 이와 비슷한 솔루션을 갖춘 운영 체제를 개발 중일 수도 있지만, 우리나 마그라프는 이에 대해 들은 바가 없다.

이 기술은 직접 사용해 보면 더욱 그 진가를 알 수 있다. 우리는 각각 따로 시연에 참여해 보았는데, 스코블은 SXSW에서 그 소프트웨어를 보고 까무러칠 정도로 놀랐다.

이스라엘은 비즈니스 전략 측면에 더욱 주목하는 한편 신기술에 대해서는 회의적인 태도를 가진 편이다.

셸 이스라엘은 2016년 5월에 캘리포니아 밀피타스 시에 위치한 아이플루언스 본사를 방문했다. 그는 의구심을 잔뜩 품은 채 회사로 걸어 들어갔다. 그 의구심은 이스라엘과 마그라프 두 사람이 SXSW에서 잠시 만났을 때 마그라프가 언급한 아이플루언스가 앞으로 10년 내에 사람들이 가장 많이 사용하는 디지털 글라스를 만들 것이라는 주장 때문이었다.

이스라엘은 이용 가능한 주요 헤드셋 제품 중 거의 대부분을 직접 착용해 보았으며, 각 제품은 나름의 방식으로 그를 감동시켰다. 하지만 그 어느 제품도 일반인들의 디지털 생활의 중심에 놓일 만큼의 수준에 이르지는 못했다.

이스라엘은 과연 키보드와 모니터 없이도 책을 쓸 수 있을까? 혼합현실 글라스를 사용해서 책을 쓰는 작업은 불가능하다고 생각했다.

가속화된 두더지 잡기

이스라엘은 그의 맥북 에어와 아이폰 대신 아이플루언스 소프트웨어를 탑재한 새로운 헤드셋으로 기꺼이 갈아탈 마음이 생기는 데 불과 15분도 걸리지 않았다. 그 중 첫 2분은 마그라프가 이스라엘에게 아이플루언스 사용법을 가르치는 데 쓰였다.

홈페이지 상에서 그는 눈으로 힘들이지 않고 아이콘을 선택하는 법을 배웠다. 그는 한 개의 아이콘을 조작해 비행기 항공권을 예약했다. 그리고 의사가 환자를 진료하는 동시에 아이콘을 쳐다보면서 의료 기록을 어떻게 불러낼 수 있는지 보았다.

이스라엘은 예전에는 뭔가를 하기 위해 자신이 기술을 찾아가야 한다고 생각했었다. 그러나 아이플루언스를 만나고 나서는 기술이 그를 찾아온다는 사실을 깨달았다.

시연에 앞서 마그라프는 여러 명의 박사급 인력으로 구성된 개발팀이 인간의 눈에 대한 모든 정보를 연구하는데 여러 해를 보냈다고 말했다. 이스라엘을 이 말을 귀담아 듣지도 않았다. 왜냐하면 대부분의 창업자들은 자기 팀 구성원의 재능을 떠벌리는 경향이 있고, 실리콘 밸리에는 우버^{Uber} 운전사보다 더 많은 박사들이 우글거리기 때문이었다.

이제 ODG 헤드셋을 착용하고 아이플루언스 기술을 시험해보고 나니 그가 가상 화면을 보면 기계가 그를 관찰하면서 그의 시선이 향하고 멈추는 곳을 파악하고 있음을 금세 알아차릴 수 있었다. 그는 의도적으로 마그라프가 지시하는 곳 대신 다른 곳으로 시선을 옮겼다. 그랬더니 해당 시스템은 안내하는 사람의 목소리를 따르지 않고 그의 시선을 따라갔다. 아이플루언스는 이스라엘을 이해하기 시작한 것이다.

이어 이스라엘은 헤드셋을 쓴 채 두더지 잡기 게임을 했다. 1976년에 처음 출시된 이 게임을 하면서 그는 아이플루언스 인터페이스가 이전에 경험한 그 무엇보다도 빠르고 쉬운 이유가 무엇인지를 파악하게 되었다. 만약 당신이 이스라엘이 그랬듯이 두더지 잡기가 무슨 게임인지 모르는 몇 안 되는 사람이라면 간단히 설명해 주겠다. 이 게임은 구멍에서 머리를 내미는 작고 귀여운 설치류를 방망이로 내려치는 게임이다. 더 많은 두더지를 때려 맞출수록 점수가 올라간다.

그는 우선 시선추적 방식으로 이 게임을 했다. 두더지가 나타날 때마다 이스라엘은 고개를 끄덕였고 그 동작을 읽고 두더지를 맞췄다. 게임 방식을 파악하자 그는 점차 빠른 속도로 고개를 끄덕이며 두더지를 맞췄다. 초심자치고는 꽤 잘했다고 그는 스스로 생각했다.

그 다음에는 아이플루언스 인터랙션 소프트웨어 방식으로 게임을 진행했다. 고개를 끄덕이는 대신 그저 눈을 자연스럽게 움직였다. 이번에는 40% 더 많은 두더지를 맞췄다.

이어 이스라엘은 헤드셋을 통해 그를 둘러싼 40개의 화면을 보았다. 수평 방향으로 360도, 수직 방향으로 180도로 펼쳐진 화면은 헤드셋이 표시할 수 있는 최대의 영역이었다. 각 화면에 무엇이 표시되는지 볼 수 있었다. 그의 개인 컴퓨터 모니터에 여러 개의 탭을 열어놓은 모습과는 전혀 다른 경험이었다. 이스라엘은 그의 시선을 움직여 어느 화면이든 쉽게 확대할 수 있었고 원하는 대로 스크롤하거나 조작할 수 있었다.

처음으로 이스라엘은 이런 광경이 머지않아 전형적인 컴퓨터 환경이 되리라는 사실을 깨달았다. 게다가 이런 환경이 전혀 어색하지 않게 느껴졌고 그저 자연스럽고 능률적이라는 느낌이 들 뿐이었다.

이스라엘이 다음 번 책을 쓸 즈음이면 아이플루언스가 출시돼 있을 것으로 마그라프는 예견했다. 그렇게 된다면 좋겠다고 우리는 생각했다. 우리와 비슷한 작가들을 여럿 알고 있는데 그들은 책을 저술하는 과정이 매우 번거롭고 좌절스럽다고 생각한다. 저술과 관련한 아이디어를 여러 기기에 기록하고, 기사 링크, 포스트잇 노트 등 닥치는 대로 여기 저기 생각을 적어 놓곤 한다. 이스라엘은 심지어 부엌 칠판에 원고 아이디어를 적거나 손등에 사람 이름이나 링크를 적기도 했다.

차라리 그런 작업은 쉬운 편이다. 훨씬 큰 난관은 이런 흩어진 아이디어를 하나로 엮어 책을 만드는 일로, 수천 개의 조각이 제자리를 찾아가는 직소 퍼즐 같은 작업이다.

대부분의 저자들과 마찬가지로 이스라엘은 책 저술 과정에서 여러 아이디어를 모으고 편집하는 과정에 마이크로소프트 워드를 사용한다. 이스라엘에게 있어 이것은 어색하고 효율성 떨어지는 과정이고, 그 과정에서 적어도 한 개 이상의 글귀를 잃어버렸다.

그가 지켜보는 가운데 마그라프는 모든 40개의 화면에서 하나의 화면으로 잘라내기와 붙이기 작업이 어떻게 가능한지를 설명했다. 여러 자료를 하나로 짜맞추는 과정이 훨씬 쉬워졌다. 책 저술에 걸리는 시간 중 가장 지루한 작업에 소요되는 몇 주간의 시간을 절약할 수 있을 것 같았다.

알고 보니 아이플루언스는 비주얼 키보드를 개발 중이었다. 가까운 미래에 이스라엘은 자판을 쳐다보는 행동만으로 책 전체를 쓸 수 있을 것이며, 이 과정은 손가락으로 자판을 두드리는 작업보다 훨씬 빠를 것이다.

패러다임의 전환에 대해 말하기는 쉬워도 그 전환의 순간을 목격하는 경우는 드물다. 그러나 이스라엘에게 있어서 이것은 실제로 패러다임이 바뀌는 순간이었다. 휴대용 또는 데스크톱 기기에서 시선-상호작용형 헤드셋eye-interactive headset을 사용하면 어떤 일이든 더 잘 할 수 있을 것처럼 느껴졌다. 그는 그런 기기로 교체할 수 있는 날이 하루 속히 오기를 바랐다.

아이플루엔스의 에이전트

아이플루언스 기술 중 지능형 에이전트의 활용은 중요하면서도 논란의 여지가 있다. 지능형 에이전트란 센서와 레이저 기술을 이용해 변화를 감지하고 이를 학습한 후 변화에 대한 반응으로 스스로 의사결정을 하는 기술이다. 이런 기술을 사용하면 우유팩 내부의 센서가 특정 행동을 일으킬 수 있다. 내용물이 일정 수준 이하로 떨어지면 그 변화를 감지해 아마존 에코나 스마트 글라스 같은 사물인터넷 장치에 해당 정보를 전달한다. 그러면 그 장치에 내장된 인공지능이 누군가에게 우유를 구입하라고 알려주거나 자율적으로 주문하고 결제와 배송까지 처리할 수도 있다.

아이플루언스 기술이 장착된 헤드셋은 이와 동일한 방법으로 센서를 활용해 사용자의 시선을 감지하여 백만분의 1초 이내에 어떤 반응을 보인다. 사용자가 무엇을 원하는지 파악하고, 해당 요구를 어떤 방식으로 충족시킬지를 스스로 판단할 수 있다.

지능형 에이전트는 이미 학습한 내용을 기억하고 사용자의 행동 패턴을 인식하기 시작한다. 예컨대 사용자가 보통 9일마다 한번씩 우유를 새로 구입하는 경향을 파악하고 미리 준비한다거나, 외부 기온이 영하로 떨어질 경우 집에서 나가기 5분 전에 시동을 걸고 차고 문을 열도록 신호를 보내야 함을 아는 식이다. 만약 날씨가 궂을 경우 평소보다 일찍 출발하도록 미리 알려준다거나 다른 참석자들에게 당신이 늦을 수 있음을 통보할 수도 있다.

지능형 에이전트는 사용자의 눈의 움직임을 지켜본다. 에이전트는 눈을 통해 사용자가 보는 대상에 대해 흥미가 있는지, 거부감을 느끼는지를 안다.

사용자가 수업이나 직업 교육 프로그램 중에 헤드셋을 착용하고 있다면 언제 집중하고 언제 지루해서 딴 생각을 하는지 사용자의 눈의 움직임을 통해 지능형 에이전트가 알아차리게 된다.

아이플루언스 같은 에이전트가 탑재된 혼합현실 헤드셋을 착용한다면 그 시스템은 조만간 당신 주변의 그 누구보다 당신에 대해 더 잘 알게 될지도 모른다.

마그라프는 에이전트의 성능이 꽤 좋아서 공감 능력을 나타낼 수 있을 정도라고 설명한다. 즉 사람의 감정을 이해하고 공유할 수 있다. 이런 특징은 인간이나 고등 동물이 가진 고유한 능력으로 간주되는데, 안경이 공감 능력을 가지게 되리라고는 예상하지 못했다.

이런 이야기에 기겁할 사람도 많을 것이다.

하지만 이런 기기가 가진 장점도 꽤 매력적이다. 아이플루언스 에이전트는 난독증, 자폐증을 비롯한 여러 심각한 건강 관련 문제를 불과 수 분 만에 찾아낼 수 있다.

이런 공감 능력은 스토리텔링의 형태를 바꿔 놓게 될 것이다. 사용자의 감정 상태에 따라 이야기의 흐름을 재조정하기도 하고, 게임 내 캐릭터는 지난 번 게임에서 만난 당신을 기억할 것이다. 만약 지난 번에 상대를 쓰러뜨렸다면 이번에는 더 민첩하게 행동하거나 새로운 무기를 갖춰야 할 것이다. 그렇지 않으면 이번에는 당신이 당할 차례가 되기 때문이다.

당신이 어떤 캐릭터와 처음 만난다면 시스템은 당신의 의도를 신속하게 알아차릴 수 있다. 왜냐하면 마치 사람처럼 당신의 눈을 관찰하면서 당신을 파악하기 때문이다.

소름 끼치는 일일지 모르나 아이플루언스는 거대한 변화의 일부분일 뿐이다. 이 기술은 조만간 당신이 사용할 기기를 이전의 그 무엇보다 더 빠르고, 자연스럽고, 똑똑하게 만들어주는 핵심 역할을 할 것이다.

이 책을 마감하던 날, 아이플루언스는 또 다른 방식으로 거대한 기업의 한 부분이 되었다. 2016년 10월 30일, 구글이 이 회사를 인수한다고 발표했는데 인수 금액은 알려지지 않았다. 이것이 시선-상호작용 소프트웨어의 보급을 더 신속하게 앞당길 결정임은 두말할 나위가 없다.

눈을 통한 인터랙션이 제4차 변혁에 있어 기술과 소통하는 유일한 방법이라 생각하지는 않는다. 전화기처럼 음성 또한 중요할 수 있다. 하지만 눈이 사람들이 이용하는 지배적인 연결 방식이 되리라 믿는다.

제4차 변혁이 쇼핑과 기업 활동에 미치는 파급 효과는 엄청나다. 사실 앞으로 10년 동안 일어날 소매 환경에서의 변화는 지난 50년 동안의 변화를 능가할 것이다. 이제 이 점을 살펴보겠다.

2부

비즈니스의 변화

"모든 세대는 혁명을 필요로 한다."

– 토마스 제퍼슨(Thomas Jefferson), 혁명적 사상가

유비쿼터스 쇼핑

> "과거에 회사들은 지속성을 목표로 세워졌다.
> 이제는 변화를 목표로 설립된다."
>
> – 로리 미첼-켈러(Lori Mitchell-Keller), SAP 소매부문 부사장

혼합현실 기술은 앞으로 10년에 걸쳐 쇼핑 방식을 바꿔놓을 것이다. 온라인과 오프라인의 경계는 흐려지다가 결국 거의 사라지고 말 것이다. 유비쿼터스 컴퓨팅과 마찬가지로 유비쿼터스 쇼핑의 시대가 다가오고 있다.

이런 변화의 조짐을 제일 먼저 깨닫는 브랜드가 가장 많은 이득을 취하게 되고, 이러한 변화를 끝까지 무시하는 회사는 항공사들이 온라인에서 항공권을 직접 판매하기 시작했을 때 지역 여행사들이 겪었던 전철을 밟게 될 것이다.

대부분의 주요 소비자 브랜드는 임박한 변화를 인식하는 듯하다. 그들은 혁신의 방법과 시기를 놓고 고심하면서 아주 민감한 줄타기를 하고 있다. 화장품 유통브랜드인 세포라 이노베이션 랩스 Sephora Innovation Labs의 브리짓 돌란Bridget Dolan 부사장은 "우리는 디지털 기술에 있어서 고객보다 앞서 가려고 합니다. 하지만 너무 멀리 앞서 가면 안 되죠."라고 설명한다. '너무 멀리 앞서 가면 안 된다'는 말은 무슨 의미일까? 소매 부문에 있어서 구매자들이 혼합현실 헤드셋을 쓰고 가게 안으로 들어오는 시기가 오기 전에 그들이 증강

현실 앱이 설치된 휴대폰을 가지고 들어오는 일이 먼저라는 이야기다. 포켓몬 고와 스냅챗 덕분에 이런 일이 이미 일어나고 있다. 심지어 홀로렌즈를 쓰고 포켓몬 고를 하면서 가게에 들어오는 손님도 있었다는 이야기를 들었다. 아마도 다가올 새 시대를 알리는 첫 사례였을지도 모른다.

혼합현실과 가상현실은 쇼핑의 모습을 크게 바꿔놓을 것이다. 그런 기기는 마케팅과 광고에 활용될 텐데 장단점이 모두 존재한다. 쇼핑 장소과 구매자의 경험, 이 두 가지가 가장 크게 바뀔 것이다. 쇼핑 장소의 변화는 이미 시작되었고, 구매자의 경험 변화는 2~3년 후, 그러니까 혼합현실 기기의 휴대성이 확보되는 시점에서 본격적으로 시작되리라 보인다.

당신이 대형 브랜드와 연관돼 있다면 이 점을 인식해야 한다. 그래야 앞으로 고객 관계가 어떻게 변할지를 이해하고 적절한 대응을 할 수 있게 된다. 만약 젊은이들이 당신 비즈니스의 주요 고객이라면 머뭇거려서는 안 된다.

또한 당신은 젊은 고객층을 자율적 마케팅 채널로 간주해야 한다. 그들은 자신의 또래 집단에 가장 큰 영향을 끼치는 존재이기 때문이다. 이들은 주로 소셜 네트워크를 통해 이런 영향력을 행사한다. 하지만 스냅챗의 사례에서 알 수 있듯이 영향력의 중심이 혼합현실로 이동 중이다.

신속한 대응이 필요한 또 다른 이유는 당신이 연관된 브랜드와 경쟁사들이 이미 신중하게 움직이고 있기 때문이다.

코카콜라, 콘데 나스트, 디즈니, 골든스테이트 워리어스, 켈로그, 로우스, 나스카, 네슬레, 나이키, 펩시, 바이어컴, 월마트는 이미 가상현실 또는 혼합현실 전략을 시장에 선보인 상태다. 그들의 노력은 아직은 소규모이며 실험적으로 이뤄지고 있지만 원래 대형 브랜드는 큰 일을 시작하기 전에 천천히 조심스럽게 움직인다. 먼저 발끝을 담그고 나서 점차 규모를 키워 나가고, 분위기가 무르익었을 때 전면적으로 진행한다.

우리는 2018년 크리스마스는 가상현실 크리스마스가 되리라 예측한다. 상점에서 헤드셋 판매가 이뤄질 뿐 아니라 고객들의 경험 향상을 위해 매장에서 가상현실 기술이 활용될 것이기 때문이다. 그 다음에 매장에서 휴대성이 강화된 헤드셋을 쓰고 쇼핑을 하는 손님들이 늘어나는 모습을 목격하게 될 것이다. 그들은 주로 밀레니엄 세대와 마인크래프트 세대일 것이다.

2020년이 되면 대부분의 손님들은 개인용 기기에서 증강현실과 가상현실 기술을 사용할 것이다. 2025년이 되면 압도적인 수의 손님들이 헤드셋을 착용하고 있고, 노인층만 휴대폰을 들고 있을지도 모른다.

스마트 글라스를 착용한 손님들은 관심 있는 상품에 눈길을 줄 때 상품 정보와 사용자 평가를 함께 보게 되며, 좋아하는 색상의 옷을 걸친 자신의 아바타를 볼 수도 있다. 마네킹이 입은 옷을 보고서 살짝 눈짓을 보내면 그 옷을 한번 입어보고 싶다는 신호다. 피팅 룸 입장용 암호가 헤드셋에 부여되면 손님은 문을 열고 들어갈 수 있다. 사람 또는 로봇 점원이 적당한 사이즈의 옷을 피팅 룸으로 갖다줄 것이다.

옷을 입어본 후에는 판매직원이 추가 도움이 필요한지 물어볼 테고, 다른 도움이 필요 없다면 시선 인터랙션으로 구매를 확정하고 그대로 매장 밖으로 걸어나오면 된다. 당신이 해당 상품 대금을 지불했다는 증빙 서류를 스마트 글라스가 센서나 보안 로봇에게 전달해 놓을 테니까 말이다.

혼합현실 기술이 가져오는 중요한 변화 중 하나는 장소의 중요성이 점차 줄어든다는 사실이다. 다른 사람이 신고 있는 신발이 마음에 들 경우 겉으로 드러난 로고를 알아보고 나서 스마트 글라스로 같은 상품을 구입하는 일도 가능해진다. 기차역에 있는 디지털 광고판과 신호를 주고 받으면서 물건을 구입해 집으로 배달시키거나 열차에서 내리는 시간에 맞춰 역에서 수령하는 방법도 가능하다.

10년 정도가 지나면 자율주행 자동차의 승객들은 스마트 유리창에 표시된 화면을 보며 쇼핑하고, 사물인터넷을 통해 결제를 완료하고 배송 절차를 마무리할 것이다.

2025년이 되면 스마트 글라스는 우리가 숨쉬는 공기만큼이나 우리 주변에 퍼져 있을 것이며, 많은 대형 브랜드는 이를 위한 준비를 이미 진행 중이다.

너무 앞서 나간 것 같으니 우선 돌아오는 크리스마스나 그 다음 크리스마스에 일어날 가장 중요한 사건부터 보기로 하자.

상품 진열대 앞에서 탱고를

혼합현실 기술에 대해 가장 대담하고 다채로운 계획을 가진 회사는 구글과 구글의 모회사인 알파벳^{Alphabet Inc.}일 듯싶다. 다만 통합된 전사 전략에 따른 개발이 아니라 다양한 사업부의 여러 부서에서 마스터 플랜 없이 동시에 다양한 제품을 개발하는 방향으로 사업이 진행되는 듯한 느낌이다.

그들의 상품군 최하단에 위치한 제품은 구글 카드보드^{Cardboard}다. 이것은 머리에 쓰는 장치로는 가장 많이 보급된 상품이다. 구글은 2016년 1월까지 5백만 대가 출하됐다고 보고한 바 있는데, 이 글을 읽을 즈음이면 두 배를 넘어섰을지도 모르겠다.

또한 구글은 독자적인 가상현실 자회사인 구글 데이드림Daydream
을 세우고, 2016년 10월에 79달러짜리 가상현실 헤드셋 데이드림
뷰Daydream View를 출시했다. 이 제품은 화질이 낮고 일회용에 가깝다
는 카드보드의 단점을 개선한 대체품이자 삼성 기어 VR의 경쟁제
품으로 내놓았으리라 본다.

구글의 데이드림뷰는 다른 고급 경쟁 제품이 가진 중요한 내비
게이션과 위치 센서는 없지만 가격이 저렴해서 소비자가 다가가기
쉽다. 데이드림뷰는 모바일 가상현실을 향해 한발 나아간 제품이다.
왜냐하면 휴대성이 개선돼 항상 착용할 수도 있기 때문이다. 하지
만 우리가 보기에 진정한 모바일 기기라기보다는 들고 다니기가 가
능한 정도의 제품이다.

한편 구글과 알파벳에 속한 다른 부문은 제각기 바쁘게 활동 중
이다.

구글의 벤처 부문은 많은 관심을 모으는 고급 기종인 매직리프
혼합현실 글라스에 큰 기대를 걸고 있다. 구글의 자율주행 자동차
는 상당히 진척돼 소비자를 위한 홍보 웹사이트도 만들어놓은 상황
이다. 당연한 이야기지만 구글의 자율주행 자동차와 혼합현실 글라
스는 함께 사물인터넷에 연결되어 고속도로를 달리는 동안 탑승자
들이 물건을 구매하고, 사람들과 교류하며, 오락을 즐길 수 있도록
만들 것이다.

구글 지도Google Maps는 아이들에게 지리 정보를 가르치기 위한 3D
증강현실 컴포넌트를 발표했다. 초기 출시된 모듈에서는 150미터
크기의 엄청난 눈사람 캐릭터 베른Verne이 애완용 야크를 데리고 장
난치며 실제로 히말라야 산맥을 넘는 영상을 보여준다.

2016년 구글은 탱고Tango를 발표했다. 탱고는 휴대폰을 위한 증강현실 시스템인데 우리가 본 시스템 중 가장 다양한 기능을 갖춘 강력한 제품이다. 여기서 이 이야기를 하는 이유는 사람들이 사용하는 스마트폰 같은 휴대기기에 새로운 기술이 장착되는 게 얼마나 유익한지를 탱고가 잘 보여주기 때문이다.

2016년에 탱고를 소개하는 자리에서 구글은 의료, 게임, 엔터테인먼트, 훈련, 교육, 건설, 부동산, 자동차 산업 등을 대표하는 수백 개에 달하는 협력사와 개발 계약을 체결했다고 밝혔다.

경영컨설팅 회사인 맥킨지는 2025년 전 세계 소매 산업 규모는 30조 달러 규모에 이를 것으로 전망한다. 탱고는 이 소매유통 시장에 변화를 몰고 올 것이다. 우리는 2016년 6월, 샌프란시스코에서 열린 레노보 테크월드Lenovo Techworld 콘퍼런스에서 탱고 시스템이 지원되는 첫 휴대폰인 팹2Phab 프로 발표 현장에 있었다.

탱고의 개발을 주도한 조니 리Johnny Lee는 연단에서 "우리의 인생은 하루에도 수천 번에 이르는 작은 선택의 연속입니다. 걷고, 자리에 앉고, 식탁과 싱크대 사이를 지나 냉장고로 향하지요. 인간의 인지 능력은 움직임과 방향 전환에 최적화돼 있습니다. 그러나 아직까지 전화기 같이 우리가 사용하는 도구들은 그렇지 못합니다."라고 선언했다.

그는 빠른 속도로 무대 위에 포인트 클라우드를 만들어내고, 이어 날아다니는 새들의 지저귀는 소리와 함께 무대를 반짝거리는 꽃이 만개한 환상의 나라로 바꿨다. 이 모든 것은 360도 입체 음향을 구현하는 돌비 사운드 시스템과 잡음 소거 장치가 폰 마이크에 설치된 팹2 프로 사용자들의 6.4인치 화면을 통해 경험될 수 있었다.

이어 그는 동작인식과 심도센서 기술을 이용해 매장에 있는 소파 크기를 3차원으로 잰 후, 집으로 돌아가 그 소파를 거실에 정확하게 맞춰보는 작업과 같은 일상의 경험에 이 기술이 어떻게 활용될 수 있는지를 보여줬다. 또 싱크대와 수도꼭지의 3D 사진을 찍은 후 고치게 될 부엌에서 미리 확인해 보는 사례도 보여줬다. 그리고 공간의 치수를 측정한 후 도면화해 이를 목재상으로 가져가 새 수납장에 필요한 목재를 정확하게 자르는 과정을 시연했다.

우리는 잠시 팹2 휴대폰을 사용해 보았다. 매끄럽고 우아한 외관에다 아이폰6 플러스에 비해 더 길고 얇았으며 화면도 더 컸다. 한 손에 들고 탱고를 작동할 수 있게 설계됐는데 이는 치수를 재는 동작에 있어 중요한 요소였다.

이 장치는 동작인식이 가능한 초광각렌즈와, 적외선을 방출해 반사되는 빛을 통해 공간의 규모를 정확하게 파악할 수 있는 심도 센서를 장착했다. 탱고 소프트웨어군을 이용하면 상대적으로 정밀도가 떨어지는 GPS, 와이파이, 비콘 등의 기술 없이도 위치 데이터를 확보할 수 있다.

수석 프로젝트 매니저 래리 양Larry Yang은 이 기능을 통해 사용자가 이동 중일 때도 큰 규모의 3D 패턴 인식이 가능하다고 설명한다. 이런 기능은 헤드셋에서는 아직 구현되지 않는다.

협력사 전시 공간에서 우리는 소파의 크기를 측정해 봤는데 쉽고 속도가 빨랐다. 그리고 장난감 총에 부착된 탱고로 가상의 표적을 쏘아 맞췄다. 뉴욕의 자연사 박물관에 전시된 화석이 살아 움직이는 공룡의 모습으로 나타나기도 했다. 탱고 토이박스는 실제로 가정용 가구에서 재생할 수 있는 증강현실 도미노와 정말 귀여운 증강현실 강아지를 비롯한 여러 가지 홈 엔터테인먼트를 선보였다.

이 모든 사례는 탱고폰이 사용될 수 있는 다양한 가능성을 보여준다. 박물관의 공룡 대신 장난감 가게에서는 쇼핑을 하러 온 아이들 주변에 가상의 야생 동물들을 풀어놓아 아이들을 반기게 할 수도 있고, 아이들은 장난감 총을 빌려 가상의 외계인을 무찌를 수도 있다.

탱고가 단지 소프트웨어 앱에 불과했다고 하더라도 그 자체로 엄청난 성공을 거뒀으리라 생각한다. 그러나 우리는 여러 시연 프로그램을 즐기면서, 과연 5백 달러짜리 새 스마트폰을 구입하는데 이 정도로 충분한지 궁금했다. 기존의 스마트폰을 그대로 사용하면서, 백 달러 이하의 구글 데이드림 헤드셋으로 비슷한 경험을 즐기려 하지 않을까?

우리는 탱고폰의 성공을 위해서는 협력사와의 관계가 중요하다고 본다. 또한 헤드셋에서는 아직 구현되기 어려운 강력한 두 가지 활용 사례를 통해 탱고폰이 성공할 수 있다고 생각한다. 그것은 리모델링과 지도 작성 분야다.

톱, 드릴, 그리고 전화기

우리는 테크월드 콘퍼런스에서 로우스 혁신 연구소Lowe's Innovation Labs의 카일 넬Kyle Nel 이사를 만나 대화를 나눴다. 그는 대형 브랜드가 파괴적 기술에 어떻게 적응할 수 있는지에 관한 전문가다.

로우스 혁신 연구소는 로우스 계열사인 오차드 서플라이 하드웨어OSH, Orchard Supply Hardware를 위한 OSH봇을 만든 바 있다. OSH봇은 OSH 매장을 찾은 손님들을 맞이하는 대화형 로봇이다. 이 로봇은 찾는 물건이 진열된 장소로 고객을 안내하고 필요에 따라 직원의 도움을 연결시켜 준다. 팹2 폰과 모든 혼합현실 헤드셋에 장착된 기능 같은 적외선 센서가 장착된 OSH봇의 눈에는 증강현실 기능이

들어있다.

이들 로봇의 영혼은 인공지능이며 시간이 갈수록 더 똑똑해질 것이다. 언젠가 이들은 영업 직원과 연결시키는 대신 직접 고객에게 물건을 팔 수도 있다. 매장 내의 모든 제품에 대한 모든 정보를 파악하고 있기 때문이다. 이들 로봇은 바코드를 읽어 들이고 신용카드 결제를 받아 판매를 완료할 수 있다.

로우스 혁신 연구소는 홀로룸^{Holoroom}이라 부르는 시스템을 연구 중이다. SF 영화 스타트렉에 나오는 홀로데크^{Holodeck}와 비슷한 홀로룸은 인테리어 리모델링을 할 때 설계 중인 부엌과 욕실의 3D 모델 안으로 들어가 둘러볼 수 있게 한다. 우리는 캘리포니아 서니베일에 위치한 로우스 매장에 설치된 프로토타입을 보러 갔다. 우리가 방문했을 당시, 아직 기능적으로는 만족스럽지 못했으나 개념만큼은 마음에 들었다.

탱고와 관련하여 중요한 시사점은 다음과 같다.

닐은 로우스가 팹2 폰의 공인 유통업체가 될 거라고 말했다. 주택 개조 전문 대형할인점 체인인 로우스는 결코 버라이즌^{Verizon}이나 AT&T 등의 통신사와 경쟁하려는 의도가 없다. 다만 집을 짓고 리모델링하는 고객들이 더 빠르고 쉽게, 오류 없이 프로젝트를 진행할 수 있도록 돕는 도구로 새로 출시될 이 스마트폰을 활용하려는 것이다. 그런 관점에서는 이 기기를 구입하는데 5백 달러를 쓰는 행동이 아깝지 않다고 본다. 이 기기로 전화를 걸거나 문자를 보내는 일을 전혀 하지 않는다고 해도 말이다.

로우스는 매장 판매원들에게 팹2를 지급하고 이를 이용해 고객 응대를 하도록 할 예정이다. 고객이 팹2에 대해 궁금해하면 추가적인 판매 기회가 더 생기는 셈이다.

우리가 보기에 주택 개조 분야는 탱고의 킬러 앱이다. 리모델링 프로젝트의 실패로 발생하는 비용에 비해서는 훨씬 저렴하니까 말이다.

실내 지도 작성

구글은 데스크톱과 모바일 지도에 있어 의심할 필요 없는 세계적 리더다. 그러나 실내에 들어서는 순간 구글의 지도 기술은 무용지물이 된다. 그 이유는 다음과 같다.

산, 바다, 도로 같은 실외 지도 정보는 변화가 느리기 때문에 지도 데이터가 비교적 오랜 시간 동안 유효하다.

그러나 실내는 상황이 다르다. 수만 곳에 이르는 매장에서는 수십 만의 진열대 위를 수백만 개의 상품이 수시로 이동한다. 진열대 위의 빈 공간을 채우기 위해 직원들은 독자적으로 판단해 상품을 옮긴다. 날씨에 따라서는 재고 위치 정보를 업데이트할 겨를도 없이 매장 앞 진열대의 바베큐 불판을 눈을 치우는 삽으로 교체하기도 한다.

매장에서는 고객과 직원들을 위해 재고 위치 정보를 더 최신 상태로 유지하기 위한 새로운 방법을 끊임없이 시도하지만 결코 쉬운 일이 아니다.

최근 쇼핑몰과 대형할인점 등의 실내 지도 작성을 돕는 모바일 앱이 몇 가지 개발됐다. 매장의 형태를 지도로 표시하는 작업은 크게 어렵지 않다. 매장 설계는 자주 바뀌지 않지만 더 중요한 문제는 상품들의 위치를 어떻게 제대로 반영하느냐다.

이 책의 스폰서 중 하나인 아일411^Aisle411 은 실내 지도 분야의 선두주자다. 아일411의 창업자 겸 CEO인 네이선 페티존^Nathan Pettyjohn

은 아일411이 에이스 하드웨어, 홈디포, 타겟, 토이저러스, 월그린, 월마트를 포함한 북미 내의 367,000개 점포가 관리하는 370만 개의 제품 위치를 수집한다고 설명한다.

아일411은 매장 내 변화를 보고하는 데 있어 웨이즈^{Waze}와 유사한 접근법을 이용하는데, 앱 사용자들을 매장 내 변화 정보를 공유하는 커뮤니티로 생각하는 것이다. 말하자면 고속도로 사고나 정체 상황을 공유하는 웨이즈 앱 사용자들처럼 말이다.

지금까지 아일411은 입체적 공간인 매장 정보를 2차원 지도로만 제공할 수 있었다. 평면도 상의 위치를 보여주지만 진열대의 바닥인지 상단인지 중간인지는 보여주지 못했고, 평면도 위의 에스컬레이터 이동 방향을 표시하지도 못했다. 다층 구조의 백화점 내부에서 사용자가 몇 층을 바라보는지도 분명하게 알기 어려웠다. 실내지도는 어느 정도 쓸만했지만 최적화되지 않았다.

아일411은 로우스와 같이 탱고의 초기 협력사다. 탱고의 3D와 증강현실 기능을 자체적인 위치 데이터와 결합시켜 매장, 쇼핑몰, 공공 장소 등에서 물건을 찾아내는 데 전례 없이 뛰어난 성과를 발휘한다.

포켓몬 고 개발자들을 위협할 수준은 아니지만 아일411은 상품을 검색하는 쇼핑객들에게 약간의 게임 경험도 제공한다.

우리는 샌프란시스코 노드스트롬 백화점에서 실시한 아일411 탱고 베타 버전 시연을 관람했다. 그 시연은 슈퍼스타 가수 테일러 스위프트가 백화점에서 쇼핑을 하면서 세 개의 상품을 구입했다는 가정 하에 마케팅과 지도가 결합되는 사례를 볼 수 있었다. 쇼핑객들은 아일411을 이용해 증강현실로 매장 바닥 위에 나타나는 발자국을 보면서 스위프트의 동선을 그대로 따라갈 수 있었다. 특정 지점에 다다를 때마다 방문만으로도 보상 포인트를 받았고, 상품을 구입하면 보너스 포인트를 받았다.

동일한 탱고 기반의 아일411 앱을 다른 용도로 사용할 수도 있다. 지오펜싱geofencing 위치 기술이 적용된 쇼핑몰에 방문한 한 고객이 캐시미어 스웨터를 찾는다고 하자. 검색 필터를 통해 스타일, 사이즈, 색상별로 검색 결과를 좁힐 수 있다. 검색 조건에 맞지 않는 30개 상품을 제외시키고, 검색결과로 나온 세 개의 매장으로 안내할 수 있다.

우리는 스마트폰과 태블릿이 탱고의 긴 춤의 첫 스텝에 해당한다고 믿는다. 탱고 사업 개발 책임자 에릭 존슨Eric Johnsen은 탱고가 궁극적으로는 안드로이드 기반 헤드셋과 로우스 OSH봇 같은 로봇의 적외선 눈 등에 내장될 것이라고 말했다.

탱고는 사물인터넷에 연결된 고정 제품에도 적용될 수 있다. 예를 들어 스크린이 달린 쇼핑카드에 탱고가 내장될 경우, 화면 위의 증강현실 화살표가 고객이 원하는 상품으로 길안내를 할 수도 있고, 가는 도중 몇몇 상품들의 판촉 정보를 보여줄 수 있다. 한 손에 휴대폰을 든 채, 다른 손으로 카트를 미는 일보다 쉬우리라 생각한다.

이 시나리오는 새로운 마케팅 기회를 제공한다. 이 카트는 고객의 개인 신상 정보는 담겨 있지 않지만 고객이 구매하려는 상품이 무엇인지, 해당 진열 위치로 가는 경로를 알고 있다. 아마도 시간대에 따라 고객이 배가 고프거나 커피나 음료를 원하는지 여부를 알수 있을지도 모른다. 스포츠용품 코너를 지날 때면 농구 선수 케빈 듀란트가 등장해 새로 출시된 골든스테이트 워리어스 팀의 티셔츠를 보여줄 수도 있다.

카트는 쇼핑객이 이동 중 어디서 멈추는지 알 수 있으므로 상황에 따른 적절한 판촉을 할 수 있다. 고객마다 더 좋아할 만한 연예인 광고를 선택적으로 내보낼 수도 있다.

7장에서 자료 조사를 하면서 우리가 한 가지 배운 점이 있다. 발빠른 브랜드는 이미 제4차 변혁을 깊이 받아들이고 있다는 사실이다. 조사 과정에서 의외의 장소를 방문할 기회가 있었는데 그 중 하나가 화장품 연구소였다.

가상 립스틱

「포브스」에 따르면 전 세계 화장품 시장은 약 3,820억 달러 규모에 달하며 경쟁이 치열한 분야다. 감성적 호소와 개인화에 마케팅 노력을 기울인다. 미용 산업은 대부분의 다른 소매유통업에 앞서 웹사이트와 모바일 플랫폼에 진출했다.

예컨대 로레알L'Oréal, 샐리뷰티Sally Beauty, 세포라Sephora, 타즈Taaz는 웹사이트 방문객이 가상 립스틱 등으로 화장한 자신의 모습을 증강현실 셀카 사진으로 찍어 볼 수 있게 한다.

기존 화장품 매장이 운영되는 방식과 다를 바 없지만 집을 나설 필요도 없고 화장을 지울 필요도 없다. 화장품 회사는 샘플 제작비를 절감할 수 있다. 수백만의 여성들이 이미 가상 화장을 시도해 봤고 증강현실의 도움을 받아 매출도 상승세를 타고 있다.

세포라는 화장품 소매 채널의 혁신을 선도하고 있다. 이 미용 회사는 1998년에 첫 매장 개점 이후 업계의 고정관념을 깨는 새로운 시도를 지속적으로 펼쳐 왔다.

그 이전에는 화장품 판매는 주로 백화점에서 이뤄졌다. 화장품 회사는 매장 카운터를 빌리고 판매 사원을 파견했다. 판매 사원은 종종 판매 수수료를 받게 돼 있어서 고객보다는 상품에 대한 충성심이 강했다.

세포라는 우선 매장 카운터를 없앴고, 여러 브랜드의 다양한 상품을 흥겨운 분위기에서 고객이 원하는 대로 사용해볼 수 있게 했다. 판매 사원은 브랜드보다 고객들에게 충성하도록 훈련을 받았다. 이런 변화는 고객 접점의 양상을 변화시켰다. 고객들은 매장에 원하는 만큼 충분히 머물면서 샘플들을 사용해 볼 수 있다.

비디오 게임 회사들처럼 재미라는 요소는 중독성이 있으며 사업에 도움이 된다는 점을 세포라는 파악하고 있다. 세포라 매장을 사탕 가게와 비교하는 이들도 있다. 한 페이스북 팔로워는 세포라 매장 방문이 마치 엄마가 집을 비운 틈을 타서 화장품을 실컷 발라보던 경험을 연상시켰다고 했다. 그녀는 "낄낄거리면서 난리를 피웠다."고 SNS에 적었다.

세포라 연구소는 전형적인 매장 모형을 만들었다. 샌프란시스코 매장의 직원들은 매주 두 차례 이 창고를 방문해 기술 혁신에 고객들이 어떻게 반응할지에 대한 의견을 제시했다. 우리가 그곳을 방문했을 때 그들은 디지털로 개발된 가상의 향수를 가지고 실험 중이었다. 이것은 향수를 실제로 피부에 바르지 않고도 향수 냄새를 맡아볼 수 있게 하는 정교한 장치였다. 매장에서 짙은 향수 냄새가 섞여 있는 상황을 좋아하지 않는 고객들을 위해 이런 기술을 개발하는 것이었다.

현재 커다란 기술 중심의 변화는 매장보다는 주로 온라인과 모바일 영역에서 일어나고 있다. 구매자들은 화장품 판매 카운터의 점원들보다 유튜브상의 1,100만 개 이상의 동영상을 보면서 미용에 관한 조언을 듣는 추세다. 고객들은 온라인 커뮤니티에서 서로 도움을 주고 받는다. 세포라도 자체적인 온라인 커뮤니티 뷰티 토크

Beauty Talk에서 서로 도움을 주고 받는 회원들을 보유하고 있다.

10년 전, 소셜미디어의 등장과 더불어 화장품 산업은 온라인 시장으로 진입했으며 여러 화장품 브랜드는 온라인에서 이뤄지는 고객과의 대화에 참여하게 되었다. 우리가 앞서 언급했듯이 최고의 인기를 누리는 증강현실 앱은 자신의 셀카 이미지를 화장하는 앱이다.

세포라 연구소의 브리짓 돌란 부사장은 디지털 기술에 있어서는 고객보다 아주 살짝만 앞서 나가는 전략적 균형을 유지하고 있다.

세포라는 마케팅 분야에 증강현실을 사용하기 시작했다. 고객들이 세포라 창업자들의 사진에 앱 카메라를 맞추면 그들이 3D로 등장해 회사가 어떻게 시작됐는지를 이야기해준다.

우리는 세포라가 언제쯤 매장 내에서 증강현실 헤드셋을 사용할 수 있으리라 전망하는지 돌란 부사장에게 물었다. 그녀는 3~5년이 걸릴 것으로 보았고, 증강현실을 처음 경험해 보는 고객들에게 첫 헤드셋을 제공하는 역할을 세포라가 맡게 되리라고 예견했다.

세포라가 대다수의 화장품 브랜드보다 먼저 헤드셋을 활용할 거라는 데에는 거의 의심의 여지가 없다. 헤드셋에서 가상의 향수 냄새를 제공하는 기술을 개발 중인 스타트업을 적어도 하나는 우리는 알고 있다. 그렇게 되면 귀중한 매장 공간에서 향수 샘플 냄새를 잔뜩 풍기지 않아도 된다.

그러나 우리는 증강현실과 가상현실 헤드셋 제조사들이 기대 이상의 수요때문에 놀라는 장면을 계속 목격했다. 돌란은 그녀의 예상보다 일찍 헤드셋을 착용한 고객을 보게 될 수도 있다. 세포라는 경쟁사보다 약간 앞서갈 수는 있지만 고객들보다 앞서 가려면 좀 더 분발해야 할지도 모른다.

개인 백화점

우리는 작은 회사들이 더 큰 덩치의 브랜드를 따돌리는 전략으로 치고 들어오는 모습을 볼 때마다 즐겁다.

오스트레일리아 최대의 백화점 체인 마이어^{Myer}의 경우가 그렇다. 이 회사는 인터넷의 노장 이베이와 손잡고 최초의 개인 백화점을 만들었다. 마이어는 최고 인기 제품을 모아 온라인 증강현실 카탈로그를 만들었고, 이베이는 자체 브랜드가 찍힌 2만 대의 카드보드 헤드셋을 마이어의 VIP 고객들에게 제공했다.

고객들은 이 앱을 사용해 상품 재고를 3D로 확인하고 나서 온라인상에서 바로 주문할 수 있다. 마이어는 개별 고객을 더 잘 파악하기 위해 인공지능을 활용한다. 고객들의 옷 사이즈, 과거의 방문과 구매 이력, 취향에 관한 자료 등을 기억한다.

시간이 지나면 사용자들은 실제로 각자의 개인 백화점을 방문하고 있다고 느끼게 된다. 그런 개인 백화점에는 사용자가 관심이 있는 제품만을 갖춰 놓았으며, 시내 중심가에 있는 추억 속 가게처럼 친밀감을 느끼게 될 것이다.

고객 경험의 궁극적 개인화를 위해 신기술을 사용하는 곳은 마이어뿐만이 아니다. 제4차 변혁 속에서 살아남으려는 거의 모든 판매자들은 이렇게 해야 한다.

런던에 위치한 인게이지 프로덕츠^{Engage Products}의 마케팅 담당 바네사 화이트사이드^{Vanessa Whiteside}가 「허핑턴포스트」에 기고한 글에서 조만간 웨어러블 기기가 모든 신체 치수를 잴 것으로 예견했다. 스마트 글라스를 쓰고 쇼핑을 하면 자신의 몸에 딱 맞는 옷만 볼 수 있게 된다.

시간이 지나 아마도 2025년 이후가 될 수도 있겠지만, 헤드셋에

각자의 옷장에 걸린 옷 목록이 기록돼 있고 기존 옷에 어울리는 장식품을 추천받을 수 있게 될 것이다.

소비자 가전의 부활

10년 전만 해도 소비자 가전은 가장 잘 나가는 소매 상품군이었다. 하지만 온라인 판매를 포함한 여러 이유 때문에 서킷 시티Circuit City나 라디오쉑Radio Shack 같은 거인들은 사라지고 말았다.

살아남은 회사 중에 베스트바이Best Buy가 있지만 자신의 정체성을 찾는 과정이 쉽지 않아 보인다. 이 회사는 다양한 전략을 시도했으나 그 중 일부만이 성공했다. 우리가 보기에 지난 10년간 베스트바이가 펼친 가장 실효성 있어 보이는 움직임은 2016년 크리스마스를 기점으로 가상현실에 큰 기대를 걸겠다는 2016년 8월의 발표였다.

베스트바이는 2016년도 크리스마스 기간 중 북미 지역 5백개 매장에서는 오큘러스 리프트를, 2백개 매장에서는 소니 플레이스테이션 VR을 판매할 계획이었다. 각 매장에는 고객들이 직접 체험해 볼 수 있는 매대를 설치하기로 했다.

이 시도는 좋은 기획이라고 본다. 베스트바이가 남보다 앞서서 뭔가를 시도해 본 지 꽤 오래 되었는데 이번 계획은 비즈니스의 진전을 위해 끌어들여야 할 두 인구 집단인 밀레니엄 세대와 마인크래프트 세대에게 매력적인 제안이 될 것이다.

이것은 오큘러스와 소니에게도 도움이 된다. 가상현실 헤드셋을 갖고 싶게 만드는 최선의 방법은 몇 분간만이라도 써보게 만드는 것이기에 그렇다. 기술 전시회에서 보는 시연과 체험도 효과적이지만 그런 기회를 얻는 대상은 한정적이다. 우리 생각에 대부분의 매출은 친구들에게 제품 체험을 권하는 얼리어답터를 통해 일어난다고 본다. 매장에 설치된 체험 시설은 얼리어답터 친구가 없는 많은 이들에게 자사 제품을 선보일 수 있는 기회가 된다.

2017년 크리스마스에는 다른 소매 체인점들도 베스트바이를 따라하리라 예상된다. 그리고 가상현실뿐 아니라 혼합현실 헤드셋도 제품군에 포함될 것이다.

구입하려면 블립하세요

증강현실을 사용할 소매 경험이 하나 더 있다. 그것은 온 세상을 당신의 백화점으로 만들어버리는 개념으로, 말하자면 만난 적이 있든 전혀 모르는 사람이든 그의 옷을 보고 그 자리에서 같은 옷을 구입하는 것이다. 길거리나 커피숍에서 다른 사람에게 말을 걸면서 "신발이 예쁘네요. 블립Blipp 좀 해도 될까요?"라고 묻는다.

꼭 작업 멘트처럼 들릴 수도 있겠지만 점차 전혀 다른 문맥에서 이해하게 된다.

1장에서 언급한 암바리시 미트라를 떠올려 보자. 그는 오늘날의 인터넷보다 100배 큰 비주얼 웹을 꿈꾼다고 했다. 그가 2011년에 창업한 회사 블리파Blippar는 그 비전을 실현하기 위해 노력한다.

블리파는 같은 이름의 모바일 증강현실 앱을 내놓았다. 관심을 끄는 물건에 스마트폰 카메라를 대면 블리파는 영상을 분석해 해당 제품이 무엇인지 파악하고 문맥 정보를 제공한다. 마치 무엇을 보든 거기에서 뭔가를 배우려는 호기심 많은 아이처럼 행동한다고 미트라는 말한다.

블리파는 어린 아이처럼 빠른 속도로 자라나는 중이다. 지금은 가정이나 회사나 공공장소에서 보는 대부분의 물건을 인식할 수 있다.

블리파는 단순한 소매 상품이 아니다. 하지만 블리파 사업의 커다란 부분을 소매유통 분야가 차지한다. 우리가 미트라와 이야기를 나눈 당시, 3백 명의 직원 중 3분의 1은 소매유통 분야의 업무를 담당한다. 그리고 천 개가 넘는 브랜드와 협력 체결 중이라고 그는 말했다. 이 앱은 로고를 보고 그것이 어느 브랜드인지를 사용자에게 알려준다. 수만 개에 달하는 상품을 식별할 수도 있다. 미트라는 우리에게 지구 상의 모든 커피 제조사를 식별할 수 있다고 자부심을 표현했다.

이것이 비주얼 웹이다. 이 점이 소매유통 회사에 시사하는 바는 무엇일까? 이 기능은 언어의 장벽을 제거한다. 인도 뭄바이에 사는 아이가 타지마할을 찾아온 관광객이 입고 있는, 클리블랜드 캐벌리어스Cleveland Cavaliers 팀의 르브론 제임스LeBron James 선수 이름이 새겨진 티셔츠를 보았다고 하자. 그 아이는 제임스가 누구고 캐벌리어스가 무엇인지 모를 수 있지만 블리파를 통해 모조품을 만드는 중국 제조사로부터 같은 제품을 구입할 수 있게 해준다.

이것이 바로 우리가 유비쿼터스 쇼핑이라고 부르는 개념이다. 이것이 실현될 날은 멀지 않다.

2016년 11월에 블리파와 브랜드 협력사들은 "구입하려면 블립하세요Blipp to Buy"라는 광고 캠페인을 벌였다. 쇼핑객은 가게에 들어가 바코드를 스캔하고 진열대 위의 제품을 구입한다. 대금 지불은 자동으로 이뤄진다. 스캐너가 구입을 확인하면 고객들은 물건을 가지고 그대로 매장 문을 나설 수 있다. 이런 식으로 간단하게 블리파로 온라인 구매도 가능하다.

이 캠페인은 화이트사이드가 「허핑턴포스트」지 기고문에서 말한 예측과도 일맥상통한다. 즉 신체 사이즈를 읽어 들여 옷이 잘 맞을지를 미리 확인할 수 있다. 조만간 유비쿼터스 쇼핑으로 쇼윈도 내의 상품을 구입하거나 친구가 페이스북에 올린 사진을 보고 물건을 사는 방식도 가능해질 전망이다.

요즘 마케팅의 화두는 옴니채널^{Omnichannel} 전략이다. 옴니채널 전략이란 고객이 어디에 있든지 해당 브랜드의 존재감을 느끼게 만든다는 것이다. 블리파는 옴니채널 그 자체다.

제4차 변혁에 있어서 우리가 쓰는 기기는 사물인터넷에 있어 반드시 필요한 연결점이 된다. 우리가 누구이며, 어디에 있고, 무엇을 원하는지를 어려움 없이, 자동적으로 소통하도록 만들어 줄 것이다.

이런 변화 모두가 긍정적인 것만은 아니지만 고객 경험은 확실히 나아질 것이다. 선택의 폭은 넓어지고 원하는 물건은 더욱 손쉽게 가질 수 있게 된다.

소비자 시장이 기술 발전을 선도하는 것이 근래의 추세였다. 예를 들면 기업체 임직원들이 여전히 블랙베리폰을 사용할 때 소비자들은 터치 스크린을 가진 스마트폰을 쓰며 즐거워했고, 기업 홍보 담당자들이 기자들이 잘 눈여겨보지도 않는 보도 자료를 만들어 돌리고 있을 때 사람들은 소셜미디어에 모여 신제품을 추천하거나 비판하고 있었다.

그래서 우리가 소매유통 분야에서 눈을 돌려 기업간 거래를 연구하기 시작했을 때 세계 최대 제조사와 기업들 중 상당수가 이미 증강현실 헤드셋을 사용한다는 사실을 발견하고 놀라지 않을 수 없었다.

증강 기업

8장에서 다루는 내용은 세련되고 끝내주는 매력과는 거리가 멀다. 여기서는 대형 산업체에 대해 이야기한다. 주로 기업간 거래와 직원 관계 속에서 증강현실과 가상현실이 어떻게 이용되는지를 다루겠다. 세포라의 경우처럼 여성들의 미용 제품 탐색을 돕는 혼합현실 체험과는 한참 먼 이야기다. 기업은 솟아오르는 고래나 포켓몬이 구매를 결정짓는 그런 곳이 아니다.

앞서 우리는 대형 소비자 브랜드가 혼합현실 기술에 전력을 기울이기에 앞서 발끝만 우선 넣어본다는 이야기를 했다. 산업체는 더 보수적인 접근을 하는 경향이 있다. 그들은 변화를 상당히 기피하는 다수의 위원회가 관할하는 시스템과 절차를 바탕으로, 여러 단계의 규정을 준수하는 기업 문화를 가졌다.

이들은 대부분 기업을 상대한다. 그들은 발끝을 담가보기도 전에 연구를 통해 염류 농도와 탁류의 세기와 생태계의 전반적 건전성을 먼저 확인해야 직성이 풀린다.

이것이 바로 신기술이 주로 소비자와 소비자 대상 기업들에서 시작되는 이유다. 매킨토시 컴퓨터가 일반 가정에 보급되는 동안 사무실에서는 수년간 DOS와 윈도 기반의 컴퓨터를 고수했다. 소비자들이 아이폰의 터치 스크린을 사용하기 시작했을 때 대기업 직원들은 블랙베리폰의 작은 자판을 누르고 있었다.

그러니 우리가 기업간 거래로 초점을 돌렸을 때, 현재 진행 중인 일들에 놀랄 뿐 아니라 그런 일이 이미 오래 전부터 진행 중이었음을 알고 놀라지 않을 수 없었다.

알고 보니 증강현실의 개념은 기업의 연구기관에서 시작됐고 그 시기는 1968년까지 거슬러 올라간다. 대형 연구소에서는 필요한 기술이 발명되기도 전에 이미 세계적 산업 현대화의 기본 개념을 연구하고 있었다.

1990년에 보잉의 연구원 토마스 커델^{Thomas Caudell}은 당시 새롭게 개발된 보잉747 점보여객기의 배선 작업이 더 효율적이고 정확하게 이뤄지도록 하기 위해 전기기술자들이 머리에 착용할 장치와 소프트웨어를 설명하는 표현으로 '증강현실'이라는 말을 지어냈다.

이후, 우리가 4장에서 언급한 ODG를 비롯한 증강현실 개발자들은 기업용 증강현실 헤드셋을 꾸준히 개선하면서 성장을 지속하고 있다. 그 성장 속도나 개발 방향을 정확히 파악하기는 어렵다. 2025년까지 증강현실 사업의 총 시장규모에 대해서는 IDC의 추정치인 1,620억 달러에서 골드만삭스의 보수적 추정치인 800억 달러(현재 세계 TV 시장 규모 정도)에 이르기까지 다양하다.

IDC의 장치와 디스플레이 부문장인 톰 마이넬리^{Tom Mainelli}는 기술 전문 매체인 「리코드^{Recode}」에 "장기적으로 증강현실 기술의 영향을 받지 않을 사업은 거의 없음이 분명합니다."라는 의견을 실었다.

이런 보고서에는 증강현실과 혼합현실을 구분하지 않았다. 또한 애플이나 매직리프가 출시할 주요 제품의 가능성을 고려하지도 않는 듯했다. 우리가 보기에 이들 분석가들이 2017년에 다시 보고서를 쓴다면 훨씬 높은 수치를 제시할 것이다.

뿐만 아니라 2025년에는 가상현실과 증강현실이 더욱 근사한 혼합현실로 통합되리라 믿는다. 다만 현재의 시장 예측 자료에서 향후 2년 내에 모바일 혼합현실 헤드셋이 출시될 가능성을 고려했는지 여부는 알 수 없다. 만약 헤드셋이 오늘날의 스마트폰만큼의 휴대성을 갖춘다면 모든 영역에서 매출이 크게 상승하리라 믿는다.

그러나 매출의 50%는 기업간 환경에서 일어난다고 한 골드만삭스의 예측은 맞다고 본다. 기업간 환경에서 이들 제품의 가치는 생산성, 효율, 매출 측면에서 평가되고, 그 가치는 의심할 나위 없이 높기 때문이다.

이런 기기들이 사업의 승패를 좌우하는 핵심 영역에 활용되는 경우는 아직 드물다는 것이 연구자들의 관측이다. 많은 시험적 프로젝트는 저위험 모드로 이뤄진다. 많은 경우 실습용 매뉴얼부터 시작하는데 그 예를 살펴보자.

- **보잉**: 2016년에 보잉은 비행기 날개 조립 훈련을 두 그룹으로 나눠 테스트를 진행했다. 한 그룹은 증가현실 버전의 매뉴얼이 담긴 태블릿을, 다른 그룹은 표준 PDF 매뉴얼을 사용했다. 증강현실을 사용한 그룹의 진도가 30% 더 빨랐고 정확도는 90% 더 높았다.
- **DHL**: 다국적 회계컨설팅 업체인 PwC는 배송 창고에서 고객 주문 처리 과정에 증강현실을 활용한 경우와, 유사한 창고에서 전통적인 방식으로 처리하는 경우를 비교한 연구결과를 발

표했다. 물류가 사업의 성패를 좌우하는 결정적 상황을 거의 모든 사람, 모든 기업이 겪어 보았다. 그러므로 DHL이 이 작은 테스트를 통해 배운 교훈은 상품을 배송하는 모든 회사에 중요한 의미를 담고 있다.

테스트 결과는 중요하다. 그러나 기업에서의 증강현실과 혼합현실 활용은 소비자 시장보다는 장벽이 적은 편이다. 몇 가지 예를 살펴보자.

- **가격** : 홀로렌즈 가격이 3천 달러라는 사실에 소비자들이 놀란다고 적었지만 기업 입장에서는 생산성, 안전, 훈련, 품질 관리 측면에서 얻어지는 비용 절감 가능성을 고려하면 이 정도 가격은 문제가 되지 않는다.
- **스타일**: 일반 소비자들은 더 작고, 겉모양이 멋진 제품이 나오기를 기다리는 경향이 있지만 헤드셋을 안전모나 용접마스크 같은 장비라고 생각하면 스타일은 중요하지 않다.
- **익숙함**: 비록 제한적이지만 여러 산업체에서는 머리에 쓰는 장치를 수 년간 사용해 왔다. 작업자들은 업무에 도움이 되고, 안전을 더 보장할 수 있다면 헤드셋 같은 장비 사용을 마다할 이유가 없다.

안전모와 헬멧

다크리Daqri 스마트 헬멧은 안전모를 쓰고 두 손을 자유롭게 사용해야만 하는 작업자들의 요구를 반영해 설계됐다. 일반 안전모처럼 생겼지만 용접, 배관, 석유 굴착을 비롯해 고개를 들고 손은 자유롭게 써야 하는 공장과 작업 현장에서 작업자를 보호하기 위한 스마트 글라스 가리개가 부착돼 있다.

헤드셋에는 파이프 내 압력 증가나 복잡한 배선 작업에서 일어날 수 있는 오류 같은 문제점을 감지할 수 있는 센서가 내장돼 있다. 작업자는 필요하다면 조명등이나 센서가 달린 가스 누출 감지기를 부착할 수 있다.

다른 헤드셋과 마찬가지로 다크리는 사용할수록 사용자에 대해 더 많이 알아가는 머신 러닝 기능을 활용하고 각 작업자의 역량 수준에 맞춰 적응한다.

그러니까 새내기 작업자라면 사용자 매뉴얼을 한 장씩 넘기며 꼼꼼히 읽어야 하지만 경험이 많은 작업자가 페이지를 건너 뛰기 시작하면 작업자의 시선이 읽고 있음을 보여줄 때까지 헤드셋은 앞서 나간다. 또한 작업자가 중요한 과정을 건너 뛸 경우 이를 알아차리고 필요한 과정을 완수할 때까지 진행을 멈춘다.

다크리의 경쟁 우위는 스마트 헬멧의 튼튼함에 있지만 튼튼한 헬멧의 스마트성에 초점을 맞춘 경쟁사도 있다. 그 중 가장 근사한 제품은 F-35 라이트닝II 전투기 조종사가 사용하는 헬멧이다. 파일럿이 위, 아래, 또는 주변을 둘러볼 때 정교한 증강현실 장치는 비행기 동체를 투명한 형태로 변환해 수천 킬로미터 떨어진 지상의 모습이나 위나 후방에서 날아오는 적기 또는 미사일 등을 볼 수 있게 한다.

이들 새로운 헬멧은 약간의 수정 사항이 남아있다. 예컨대 세계 최고의 조종사 중에는 증강현실 화면의 표시 속도 지연 때문에 멀미를 일으키는 경우도 있다.

이런 헬멧이 소비자 시장에 등장하려면 한참 남았다. 현재 가격은 약 40만 달러이며, 여러 색상 중에서 고를 수도 없다. 이런 제품에 세금을 쓸 만한가? 글쎄, 제트기 한 대당 가격이 10억 달러가 넘고, 조종사 한 명을 훈련시키는 데 수백만 달러가 쓰이는 비용을 생각해 보라.

증강현실 헬멧은 다양한 분야에서 활용된다. 이들은 모두 '보호'라는 공통 요소를 갖고 있다. 캘리포니아 먼로 파크에 위치한 스트라이버STRIVR 연구소는 프로와 아마추어 미식축구, 하키 선수들을 뇌진탕과 기타 충격으로 인한 부상에서 보호하기 위한 헬멧을 만든다.

미식축구의 쿼터백이 패스 연습을 할 때 경기장에서 수비 연습 중인 라인 배커line backer들을 신경 쓰는 대신 증강현실을 이용해서 실제 시합 상황을 재연할 수 있다. 이 방법은 원래 스탠포드 대학에서 시도했었다. 증강현실 헬멧을 쓴 쿼터백은 스탠포드 경기장의 5만 관중 앞에서 360도 카메라로 촬영된 실제 경기 환경을 시뮬레이션으로 재연할 수 있다. 이것은 운동장 한쪽 구석이나 자기 집 마당에서도 가능하다.

이 헬멧은 현재 샌프란시스코 포티나이너스San Francisco 49ers와 댈러스 카우보이스Dallas Cowboys를 비롯해 대학, 고등학교, 초등학교 미식축구팀에서 테스트 중이다.

뇌진탕과 반복적인 충격 손상은 접촉 경기 선수에게 심각한 문제를 일으킨다. NFL은 머리를 다친 4천5백 명의 선수들에게 10억 달러의 손해 배상금을 지불해야 한다는 대법원의 판결 이후 뇌진탕 방지 프로그램에 1억 달러를 지원한다는 계획을 발표했다.

증강현실 헬멧이 그런 문제를 모두 해결하지는 못하겠지만 올바른 방향으로 가는 현명한 해결책으로 보인다.

임원 채용

우리는 프로 스포츠계에서 가상현실이 임원 채용 도구로 사용되는 첫 사례를 발견했다. 우리는 이런 활용 예가 조만간 널리 퍼지리라 믿는다.

농구계의 슈퍼스타 케빈 듀란트를 영입하는 과정에서 골든스테이트 워리어스Golden State Warriors 팀은 그에게 워리어스 팀 소속선수가 되는 느낌을 전달하기 위해 가상현실 헤드셋을 제공했다. NextVR 이 촬영하고 제작한 동영상은 골든게이트 브릿지를 비롯한 여러 샌프란시스코 지역의 명소들을 둘러보는 가상 여행에 듀란트를 데리고 갔다. 듀란트는 스티브 커Steve Kerr 코치가 팀 선수들과 이야기를 나누는 모습을 볼 수 있었고 경기장과 탈의실에 있는 미래의 동료 선수들 사이로 지나갈 수 있었다.

듀란트를 영입하기 위해 워리어스 팀이 한 시도는 새로운 인재를 영입하는 혁신적인 방법으로 어떤 조직에서든 활용될 수 있다고 본다.

채용을 원하는 구직자들도 머잖아 가상현실과 혼합현실을 활용하게 될 것이다. 몇 년 후면 가상현실 동영상 제작은 오늘날 스마트폰으로 영상을 기록하는 동작만큼이나 쉬워질 테고 구직자들은 지원서에 가상현실 동영상을 담아 보내기 시작할 것이다.

구직자들이 자신의 역량을 심도 있게 보여주는 훌륭한 방법이 되리라 본다.

자동차와 운전자를 위한 증강현실

자동차 산업은 변화하고 있다. 그 변화의 상당 부분은 자율주행 자동차와 관계가 있다. 조만간 자동차는 덩치가 큰, 연결된 지능형 기기가 될 것이다.

모든 주요 자동차 회사는 이 방향으로 진행 중이며 디자인 컨셉에서 수리, 가정 내 차고에서의 안전 확인에 이르는 모든 분야에서 증강현실을 활용한다.

항공기 산업과 마찬가지로 자동차 제조사는 이미 오래 전부터 증강현실과 가상현실을 다양하게 활용해 왔다.

2009년에 이스라엘은 기술전문 잡지인 「패스트컴퍼니^{FastCompany}」 기사 인터뷰를 위해 포드와 GM을 방문했다. 당시 그는 자동차 제조사가 소셜미디어를 어떻게 활용하는지에 관심이 있었는데 두 공장을 둘러보고 산업용 가상현실과 증강현실을 알게 되고서 이 기술의 매력에 빠져들었다.

GM에서 그는 크고 투박한 가상현실 글라스를 쓰고 가상 차량의 전면부를 재설계할 때 시야를 개선하는지 또는 방해하는지를 확인하거나, 태양 직사광선 아래에서 페인트 색을 가상으로 테스트해 볼 수 있었다.

포드에서는 전 세계를 연결하는 원격 협업 컴퓨팅에 증강현실이 사용되는 과정을 보았다. 그는 미시건 주 디어본에 위치한 대형 회의장에서 자동차 업계 전문가들과 함께 앉아 디자인 기획 단계에 있는 차량의 3D 모형을 대형 평면 TV로 보았는데 그에게는 생소한 경험이었다.

세계 각국의 포드 협력사들은 동시에 같은 3D 모형을 지켜봤다. 버지니아 주에 있는 한 자동차 바퀴 제조사가 뒷바퀴를 더 자세히 보고 싶다고 하자 화면에서 해당 부분이 확대됐다. 오하이오 주의 브레이크 설계사는 3D 이미지를 다양한 각도에서 보여달라고 요청했다. 또한 그들은 안전 상의 이유로 위치 이동시켜야 하는 한 리벳에 대해 논의했다. 그가 본 상황은 아직 증강현실은 아니었지만 곧 그렇게 되리라 예상한다.

미국의 자동차 회사만이 아니다. 메르세데스는 2008년부터 제조와 수리에 스마트 글라스를 이용해 왔다. 현재 아우디, 렉서스, 토요타도 그렇게 하고 있다.

DHL을 비롯해 공장과 창고 관리에 연관된 회사들처럼 자동차 제조사들은 물류 효율화에 증강현실을 활용한다. 폭스바겐은 본사 공장에 있는 모든 물류담당 직원에게 3D 글라스를 표준 장비로 보급하는 시범 프로젝트를 시작했다.

폭스바겐 글라스는 작업자의 시선 위에 보관 장소나 부품 번호 등의 정보를 직접 표시해 그가 바라보는 부품이 필요한 부품이 맞는지 확인하도록 도와준다. 특별 제작된 이 기기는 바코드를 판독하는 카메라가 달려 있어서 정확성을 높였다. 이것은 신기술이 어떻게 정확성, 속도, 비용 문제를 개선할 수 있는지를 보여주는 또 하나의 사례다.

증강현실 글라스는 제조사와 딜러 간 협력을 강화하기도 한다. 페라리, 캐딜락, 그리고 아우디는 가상 전시장 설치 계획을 발표했다. 일반적으로 대리점에 전시할 수 있는 차량의 수는 매우 제한돼 있다. 방문객들은 글라스를 쓰고 각자의 취향에 맞는 색상과 옵션을 눈으로 확인할 수 있다. 이를 통해 각 대리점은 공간을 절약할 수 있고 전시용 차량 보유 비용을 크게 절감할 수 있다.

제조사는 온라인상의 가상 쇼룸에서 구매자들이 옵션을 확인할 뿐 아니라 가상의 시운전도 할 수 있게 한다. 차량을 구매할 결심이 서게 되면 홈페이지에서 차를 주문하고, 차량은 인근의 공식 딜러에게 배송되고 최종 구매 확정 전에 실제 시운전을 할 수 있다.

산업용 차량도 증강현실과 가상현실 글라스를 도입하고 있다.

건설 장비의 세계적 선두주자인 캐터필러Caterpillar는 컨셉에서 디자인, 훈련, 광고, 판매, 안전 점검과 수리 안내에 이르는 모든 과정에서 증강현실과 가상현실을 적극적으로 사용한다.

콤바인과 트랙터 같은 농업 장비의 선두주자 존디어John Deere도 마찬가지다. 일리노이 주에 본사가 있는 이 농기계 제조사는 고객 교육과 직원 훈련에 가상현실과 증강현실을 모두 활용한다.

스코블은 일리노이 주립대 어바나 샴페인 캠퍼스에 있는 연구개발센터를 방문했다. 이곳은 모질라Mozilla와 테슬라를 비롯한 여러 회사의 모태가 된 곳이다. 그곳에서 존디어의 연구개발을 이끄는 키스 부잭Keith Bujack 박사는 이렇게 말했다. "우리는 실리콘 밸리에서 진행하는 연구와 동일한 연구를 하고 있습니다." 그 중 상당수는 사물인터넷과 관련돼 있다. 농기구들은 이제 네트워크로 연결된 기기로 센서가 달려 있어 날씨의 변화, 곡식의 영양상태, 토양의 수분 등에 관한 정보를 제공한다고 부잭 박사는 설명했다.

자동차 업계에서 증강현실과 가상현실이 널리 퍼졌듯이 다른 산업에서도 이 같은 일들이 일어나리라 생각한다. 먼저 산업 깊숙한 곳에서 시작되고 점차 소비자에게 파급될 전망이다.

지구 밖에서의 활용

미국 항공우주국 NASA는 일반 승용차 제조사와 마찬가지로 설계와 제작 과정의 전 영역에서 증강현실 기술을 활용하는데, 우주에서 이런 기술들이 실제 우주인들에 의해 사용될 때는 한결 더 흥미진진해진다.

NASA가 홀로렌즈와 협력 관계에 있다는 사실과 한 콘퍼런스에서 화성 보행 시연을 선보인 시도에 대해서는 이미 언급했다. 신문에서는 우주인들이 홀로렌즈를 착용한 채 우주 정거장을 수리하는 과정에서 지상 관제 센터의 전문가들이 어떻게 도와주는지를 뉴스로 다루기도 했다.

그러나 NASA는 이것이 시작에 불과하다고 말한다. 지구에 있는 전문가들이 우주 비행사들의 이동 중 또는 지구 밖 목적지 도착 후 마주할 일들을 원격으로 지원할 때 증강현실 글라스가 사용될 것이다.

시나리오 중 하나는 무인 우주선을 통해 주요 장비, 식량, 건축 재료 등을 화성 또는 다른 목표지점으로 먼저 실어 나른 후, 나중에 우주 비행사나 민간인들이 도착하면 그들은 가상현실 설명서를 보면서 기자재를 조립하고 식량을 재배할 수 있다는 설정이다.

우주 여행객들은 증강현실 글라스로 동료들과 소통하며, 언론 매체와 접촉하고, 앞으로 우주를 여행할 이들을 가르칠 때 활용된다. 이 모든 것은 인류가 달에 첫 발을 내딛는 광경을 16밀리 흑백 필름 영사기로 촬영하고 지직거리는 음성 녹음을 했던 시점에서 50년도 채 지나지 않은 때에 이뤄질 것이다.

우주에서 일어나는 상황과 같은 종류의 경험이 이 땅의 공간에서 설계와 마케팅에 이미 활용되고 있다.

내부 공간

세계적인 건설사인 스칸스카Skanska 미국 법인은 디지털 전문 제작사인 스튜디오 216과 협력해 세계 최초의 홀로그램 부동산 센터를 시애틀 도심에 짓고 있다. 스칸스카는 제4차 변혁 개발의 새로운 발원지로 떠오르는 시애틀에서 대형 프로젝트를 시행 중이다. 또 하나의 협력사인 마이크로소프트도 멀지 않은 곳에 위치해 있다.

홀로렌즈 헤드셋은 건물이 지어지기 전에 입주 의향을 가진 고객들이 다중 사용자 증강현실을 통해 건물 내부를 미리 둘러볼 수 있게 한다. 이용객들은 테이블 위에 놓인 3D 홀로그램 모형을 보거나 특정 임대 공간을 지정해 검토할 수 있다. 심지어 배선, 수도 배관, 파이프 등도 확인할 수도 있다.

스칸스카만 그런 것이 아니다. IT분야 전문 매체인 「테크크런치TechCrunch」는 기사에서 원래 신기술 도입에 적극적이지 않은 부동산 산업이 예전과 달리 증강현실 기술을 통해 빠른 속도로 변화하는 분위기를 소개했다.

수많은 중개인들과 부동산 개발업자들은 월드와이드웹의 보급 직후부터 익히 사용되던 가상 투어 기술을 신기술을 활용해 업그레이드하는 중이다. 초기에는 사진이 쓰였고, 그 다음은 사진을 서로 연결한 이미지가, 이어 동영상이 제공되었다. 발전 단계마다 마케팅을 더욱 쉽게 만들었던 과거의 실적을 볼 때 부동산 업계 전략가들은 증강현실 투어가 가져올 투자 대비 수익을 어렵지 않게 예측할 수 있을 것이다.

스칸스카를 비롯한 미래지향적인 마케팅과 임대 회사들은 건설 프로젝트의 모형 제작 단계에서 현장 투어 서비스를 제공할 수 있다.

플로어드Floored는 상업용 부동산 개발사들에게 가상현실 소프트웨어와 모델링 서비스를 제공한다. 2016년 여름, 타코닉 인베스트먼트 파트너스는 맨해튼에 건설 중인 6층짜리 건물을 완공하기도 전에 이 건물의 마케팅을 위해 오큘러스 리프트와 플로어드 소프트웨어를 사용했다. 새로운 입주사는 가상현실 헤드셋 제조사 중 하나인 삼성이다.

프로젝트가 완성되면 가상현실과 증강현실은 건물의 유지관리와 보존에 도움을 준다. 건설전문 매체인 「컨스트럭션 워크 온라인

Construction Week Online」에 의하면 건물 관리자들은 가상현실과 증강현실을 활용해 배관, 배선, 공조 덕트를 관리하고 합선이나 누수 등의 재해를 예방하기 시작했다. 이것은 유지 보수상의 문제를 줄일 뿐 아니라 건물 수명 증가에도 기여한다.

상업용 부동산에서 시작된 일들은 주거용 부동산에도 이어진다. 소더비 인터내셔널 리얼티Sotheby's International Realty는 소설 『위대한 개츠비』의 등장 인물에 맞먹을 수준의 높은 안목과 예산을 가진 이들에게 고급 주택을 마케팅하기 위해 가상현실을 활용한다. 제휴사들은 맨해튼의 가장 부유한 지역과 로스앤젤레스에서 구매 의사가 있는 고객들에게 삼성 기어 VR을 제공한다. 가상현실을 활용하게 된 시도는 앞서 실시했던 고프로 360도 카메라와 3D 스캔을 이용한 가상 투어의 성공에 뒤이은 것이다.

조사를 진행하던 중 우리는 중개인에게 매물을 구입하지 않을 경우 헤드셋을 반납해야 하는지 물었더니 그녀는 바로 전화를 끊어 버렸다.

건강에 대한 전망

신기술을 향해 신중하면서도 단호한 방향 전환을 하고 있는 여러 산업의 사례를 두루 살펴보았다. 이들은 아마도 세포라의 전략대로 고객보다 앞서 나가되 너무 멀리 나가지 않기를 바랄 것이다.

흥미롭게도 우리는 이 과정에서 추세의 반전을 목격했다. 1970년대에 PC가 기업 환경 안으로 조용히 침투되기 시작한 이후, 신기술의 보급을 이끈 원동력은 일반 소비자들이었고 기업은 그 뒤를 따라갔다. 그런데 이제는 기업이 앞장서서 기술을 받아들이고, 뒤이어 일반 소비자에게 흘러가는 판국이 되었다.

당신이 어떤 유형의 조직에 속해 있든지 당신의 고객과 경쟁자들은 이 새로운 기술에 점점 더 많은 관심을 쏟는 중이라고 우리는 확신한다. 조만간 당신의 비즈니스의 생사가 이 기술에 좌우될 수도 있다.

또한 이 같은 기술을 통해 인간의 생명이 개선되고 연장되는 일이 곧 일어날 것이다. 가장 고질적이고 파괴적인 지적 장애를 치료하기 위해 증강현실 게임이 어떤 도움을 줄 수 있는지 9장에서 소개하겠다.

우리의 건강을 위해

"고장 나면 고치면 된다."

– 제프 애봇(Jeff Abbott), 소설 『Fear』 작가

혼합현실 기술의 현황을 살펴보면서 우리는 비즈니스의 미래에 대해 낙관하게 됐다. 이제 이 책의 2부 마지막 두 장에서는 제4차 변혁에서 중요한 역할을 할 거대한 비즈니스 영역에 대해 설명하려 한다. 이 과정에서 우리가 알게 된 중요한 이야기들은 인류가 처한 상황에 희망의 빛을 비춰준다.

9장에서는 보건의료 분야를 다루고 10장에서는 교육에 대해 살펴보겠다.

보건의료는 분명 큰 비즈니스다. 「뉴욕타임스」에 따르면 미국의 의료비 지출은 2014년에 3조 달러를 넘어섰으며, 이후 계속 증가했을 것으로 예상된다. 그리고 제4차 변혁이 의료비 지출의 증가 속도를 늦추지는 못할 것이다.

장애와 질병은 인간의 삶을 고통스럽고 취약하게 만든다. 그러나 한 가지 명백한 사실은 가상현실의 활용은 이런 고통을 완화시키고 있다는 점이다. 어떤 병에 대해서는 이런 기술을 통한 완치의 가능성마저 보여준다.

그 누구보다 깊은 감명을 준 한 보건의료 회사를 소개한다.

스위스에 위치한 마인드메이즈^{MindMaze}는 전기공학을 전공한 신경학자 테즈 타디^{Tej Tadi}가 설립해 CEO를 맡고 있다. 이 회사는 가상현실 게임을 개발하는 한편, 가상현실 기술로 환자의 고통을 덜어줄 수 있는 방법을 연구한다. 여러 증거로 보건대 마인드메이즈가 이 두 마리 토끼를 잡는 데 성공하고 있음이 분명하다.

마인드메이즈는 2011년, 대학의 연구 프로젝트로 설립되었다. 2016년 제품 출시 당시 1억 달러 투자를 받았으며 이미 10억 달러의 가치를 평가받았다.

타디를 만났을 때 우리는 게임과 보건의료 사이의 상승 효과에 대해 설명해 달라고 그에게 부탁했다.

게임과 관련해서는, 마인드메이즈는 특허 기술을 사용해 헤드셋을 착용한 플레이어가 수동 컨트롤러가 아닌 뇌파를 이용해 사물을 움직이거나 좀비를 제거하는 등의 일을 할 수 있게 한다. 이것은 아이플루언스에서 아이 인터랙션^{Eye Interaction}으로 두더지 잡기 속도를 올렸던 방법처럼 조종을 빠르게 할 수 있다. 차이가 있다면 움직임이 생각에 반응하는 속도가 훨씬 빠르다는 점이다.

보건의료와 관련해서, 마인드메이즈는 수족 절단, 뇌졸중, 불치성 뇌와 척수 장애, 파킨슨씨 병, 뇌성 마비, 외상 후 스트레스 장애 등을 겪은 환자들을 치료하는 데 위와 비슷한 뇌파 감지 헤드셋을 사용한다. 마인드메이즈를 이용하는 환자들은 일반 치료법에 비해 훨씬 더 빠른 회복 속도를 보인다.

마인드메이즈는 모션 캡처 방식을 이용한다. 이 기술은 배우의 움직임을 그대로 따라 하는 컴퓨터 애니메이션 영화 제작에 사용되는 기법이다. 여기에 마인드메이즈는 여기에 미러링^{mirroring}이라는 기능을 추가한다.

예를 들면 이런 기능이다. 수족 절단 환자가 마인드메이즈 혼합 현실 헤드셋을 착용한다. 그녀가 건강한 왼팔을 들어올리면 헤드셋 안의 그녀의 아바타는 미러링을 통해 오른팔을 들어올린다. 그러면 두뇌는 절단된 오른팔이 존재한다는 착각을 일으킨다. 이런 과정을 통해 환상통phantom pain을 줄이거나 없앨 수 있다. 환상통이란 환자의 뇌가 더 이상 존재하지 않는 신체 부위를 움직이려 할 때 느끼는 통증을 말한다.

마인드메이즈는 세계 여러 곳에 사무실을 두고 있다. 샌프란시스코 사무실은 인근 재향군인 병원 두 곳의 수족 절단 환자들을 치료하기 시작했다.

타디는 마인드메이즈가 각종 질환에 대응할 고유한 소프트웨어를 개발할 계획임을 밝혔다. 헤드셋, 신경 센서, 모션 트래킹, 머신러닝, 미러링 기술 등을 활용해 뇌 활동을 자극해 환자를 돕는다는 계획이다.

전 세계적으로 매해 천5백만 명의 뇌졸중 환자가 발생한다. 뇌졸중은 미국인의 사망 원인 3위의 질병이다. 생명을 잃지 않은 경우에도 회복 속도는 매우 중요하다. 환자가 병원에 오래 머물수록 완치 가능성은 더 떨어진다.

마인드메이즈는 수족 절단 환자와 화상 환자에 사용된 방법과 동일한 기술 도구를 이용해 혼합현실로 환자의 뇌를 자극해서 팔다리를 다시 움직이게 돕는다. 이 방법은 전통적인 물리치료에 비해 전반적으로 더 빠른 성공을 보인다.

마인드메이즈의 기술이 전통적인 치료법에 비해 환자들을 더 자연스럽게 움직이게 하며, 더욱 신속한 회복을 가능케 한다고 타디는 주장한다.

마인드메이즈가 어떻게 수족 절단 문제와 게임처럼 서로 동떨어진 두 분야를 동시에 다루게 됐는지 타디에게 물었다. 그는 마인드메이즈의 모든 건강 프로그램이 게임화 모델에 근거한다고 말해주었다. 이것은 우리가 앞서 이야기한 재미의 유용성을 떠올리게 했다.

게임에서 그는 즉각적인 기회 포착이 가능하다고 보았다. 이 회사의 헤드셋은 전문 의료 기기처럼 대뇌 피질의 작동 방식을 탐색하거나 사용자의 생각을 읽어낼 필요가 없었기 때문에 더 가볍고 멋진 한편 가격은 덜 비쌌다.

마인드메이즈는 엑스박스나 소니 플레이스테이션 VR 같은 기존 게임 플랫폼과 협력해, 게이머들이 기존 인기 게임 타이틀을 즐기되 수동 컨트롤러 대신 뇌파를 이용할 수 있게 할 예정이다.

게임과 치료는 때로 겹치기도 한다. 사용자들은 둘 중 어느 쪽을 하는지 분간하기 어려울 뿐 아니라 상관하지도 않는다. 샌프란시스코 게임 콘퍼런스에서 마인드메이즈는 뉴로고글NeuroGoggles이라는 이름으로 헤드셋을 소개했다. 시연자는 그의 뇌파를 이용해 자신의 손가락에서 불꽃이 튀어나오게 했다. 그냥 보기에도 멋지고 재미있는 일이기도 하지만 타디의 설명으로는 이것은 조현병(정신분열증) 환자가 자신의 감정을 조절해 조울증을 극복하는 데 도움이 된다고 한다.

세계 인구의 약 1.1%는 조현병을 앓고 있다. 미국에서 이 질병의 증상을 완화하는 데 드는 비용은 연간 1천억 달러에 달하며, 알려진 완치 방법은 없다. 타디는 아마도 2025년까지는 마인드메이즈가 이 질병을 실제로 완치하는 방법을 찾아낼 가능성이 높다고 말했다.

마인드메이즈는 자동차 산업과 방위산업계의 경영자들과도 사업을 논의 중이라고 밝혔다. 그는 마인드메이즈 헤드셋이 자율주행 자동차가 잘못 내릴지도 모르는 결정을 뇌파를 통해 제어하게 만들 수 있다고 믿는다. 그렇다면 작동 속도가 엄청나게 빨라야 할 것이다.

혼합현실 치료의 일환으로 가상현실과 혼합현실 헤드셋을 이용하는 다른 보건의료적 접근 방법이 여럿 존재한다. 예를 들면 다음과 같다.

- 워싱턴 대학의 과학자들은 화상 부위를 소독하는 처치 치료 과정에서 진통제를 쓰지 않고도 통증을 줄일 수 있는 게임을 만들었다. 아이들은 종종 치료가 진행되는 상황도 의식하지 못했다고 말할 정도였다.
- 오클랜드에 위치한 캘리포니아 대학교 샌프란시스코 캠퍼스 UCSF의 베니오프 어린이 병원에서도 불치병에 해당하는 겸상 적혈구 빈혈sickle cell anemia로 힘들어하는 아이들을 위해 가상현실 헤드셋으로 이와 비슷한 접근을 하고 있다.
- 내쉬빌에 위치한 세인트주드 병원에서는 온라인 여행사인 익스피디아Expedia가 가상 여행을 통해 소아 암환자들이 가고 싶은 곳이 어디든 여행할 수 있게 돕는다.

인터페이스로써의 뇌

장애인을 돕기 위해 뇌를 활용하려는 기관들이 있다. 예를 들어 브레인게이트Braingate는 브라운, 스탠포드, 케이스 웨스턴 대학과 협력하는 설립 초기 단계에 있는 회사다. 이 회사는 사지마비 환자에게 로봇 기기 활용 방법을 가르치는 데에 성공했다고 발표했다. 이렇게 되면 이들은 도우미에게 덜 의존하게 된다.

환자들은 뇌파를 이용해 자기 앞에 놓인 쟁반 위 사물을 움직여 스스로 식사를 하거나, 양치를 하거나, 컵에 물을 붓고 빨대를 꽂는 등의 동작을 할 수 있다.

뇌의 명령을 전달해 의수나 의족을 진짜 손발처럼 움직이는 기술 연구는 오랜 역사를 가지고 있다. 2001년에 이스라엘은 처음으로 생체공학적 인공팔을 이식받은 인간인 제시 설리번Jesse Sullivan을 인터뷰했다. 어느 정도였냐 하면 그의 아내가 그의 금속제 팔을 만지는 감각을 느낄 수 있을 정도였다. 하지만 그는 자주 병원 신세를 지고 인공팔을 자주 업그레이드해야 하는 길고 값비싼 과정을 겪어야 했다.

이후 느리지만 꾸준한 발전이 이뤄졌다. 첨단 의수를 가진 환자들은 뇌파를 이용해 더욱 자연스럽게 인공 손가락을 움직일 수 있게 됐다.

2014년에 의사들은 다른 접근을 시도했는데, 그들은 다이빙 사고로 사지가 마비된 대학생 이안 버크하트Ian Burkhart의 대뇌피질에 칩을 이식했다. 2년 동안의 시행착오를 거쳐 2016년에 그는 이식된 칩을 통해 뇌파 신호를 전달해 손을 움직일 수 있게 되었다.

이 같은 다양한 사례가 존재한다. 대단해 보이지 않을지 몰라도 각각의 사례는 제4차 변혁 시대의 생활 양식으로 가는 중요한 발걸음에 해당한다. 그때가 되면 뇌파와 지능형 기계를 활용해 수백만의 장애인들의 자립에 도움을 줄 수도 있다.

뇌에 신경칩을 삽입하거나 뇌파로 움직이는 로봇과 의수, 의족을 꺼림칙하게 생각하는 이들도 분명 있으리라 생각한다. 페이스북상에서 우리는 사이보그에 대한 불평과 사람들이 영혼 없는 기계에 종속되는 상황을 우려하는 목소리를 듣는다. 그러나 제시 설리번과 이안 버크하트는 그런 관점에 동의하지 않으리라 생각한다.

2015년 통계에 의하면 미국 내 사지마비 환자는 560만 명, 수족 절단 환자는 190만 명이나 된다. 그들은 폐 질환, 방광 조절 장애, 변비, 소화 장애 등에 시달리며, 그들의 평균 수명은 일반인보다 짧다. 이런 환자들의 위생관리와 일상생활을 돕는 방법은 지난 백 년 동안 크게 나아지지 않았다.

방금 설명한 것과 같은 접근법을 가진 의학 분야인 신경공학이 이들에게 희망의 빛을 비추기 시작한 기간은 기껏해야 15년 정도에 불과하다.

이런 장치를 통해 조금이라도 평범한 삶을 살 수 있게 될 750만 명의 사람들은 이런 기계적 보완 장치를 당신이 섬뜩하게 여기든 말든 상관하지 않는다.

사실 그들은 자신이 어떤 일을 할 수 있는지 드러내놓고 자랑하기 시작했다.

사이보그 올림픽

마인드메이즈의 모태가 된 스위스 취리히 연방공과 대학에서는 2016년 10월에 세계 최초의 사이보그 올림픽인 사이바슬론Cybathlon을 개최했다. 이 경기에는 세계 80개국 선수들이 참가했다.

참가자들은 천 미터 계주나 장대높이뛰기가 아니라 식빵 썰기나 유리병 뚜껑 열기 등과 같은 일상적인 동작을 선보였다. 이들의 목표는 금메달 획득이 아니라 장애인들이 일상 생활을 해 나가게 돕는 첨단 기술의 발전상을 보여주는 경기였다.

참가자들은 주로 최첨단 의수, 의족이 얼마나 발전했는지를 보여줬다. 이 중 대부분은 뇌파를 이용해 작동했고 증강현실 또는 가상현실 헤드셋을 사용했다.

생체공학 외골격

외골격이란 동물의 신체를 지지하고 보호하는 외부의 뼈대를 말하는데, 조개, 곤충, 거북, 아르마딜로 등에게서 볼 수 있다.

수백 년에 걸쳐 인간은 자신의 업무 수행을 위한 외골격을 고안해 왔다. 번쩍거리는 갑옷을 입은 기사를 기억하는가? 당시의 금속성 겉옷은 거추장스럽고 무거웠지만 수백 년간 그런 상태를 유지해 왔다. 근래에 이르러 제4차 변혁은 외골격을 더욱 가볍고 쓸 만하게 만들었다.

엑소 바이오닉스^{Ekso Bionics}란 회사는 신체 내부 골격에 문제가 있는 사람들을 위해 뇌파로 작동하는 외골격 개발에 앞장서고 있다.

듀크대는 8명의 척수 손상 환자들을 대상으로 한 실험에서 엑소 바이오닉스가 개발한 외골격을 이용해 환자들은 적게는 5년 만에 처음으로 팔다리를 움직이고 감촉을 느낄 수 있었다. 이들은 등에 맨 컴퓨터에 연결된 특수 제작된 가상현실 헤드셋을 썼다. 또한 이 헤드셋은 센서를 통해 대뇌 피질과도 연결되었다.

이들은 가상현실 아바타에 집중해서 그들을 움직이게 함으로써 외골격 작동법을 습득했다. 이것은 마인드메이즈가 하는 방식과 유사하다. 아바타의 팔다리를 움직이면 두뇌는 자신이 외골격을 움직인다는 착각을 하게 된다. 듀크대 프로젝트를 지휘한 미구엘 니코렐리스^{Miguel Nicolelis} 박사에 따르면 그들이 할 수 있다고 믿기만 하면 실제로 할 수 있게 됐다고 말한다.

외골격은 손볼 여지가 많이 남아 있다. 4만 달러에 달하는 가격도 벅차지만 우리가 2012년에 이 이야기를 다뤘던 시기에 비하면 반값으로 떨어졌다. 무게도 반 이상 줄어 12킬로그램 정도가 되었다.

외골격 장치는 공감 능력 학습에도 사용된다.

미국의 보험회사인 젠워스 파이낸셜Genworth Financial 사가 후원하고, 여러 현대 미술관 등에서 순회 중인 외골격 수트를 활용한 체험 전시로 젠워스 노화 경험Genworth Aging Experience이란 행사가 있다. '해변 산책A Walk on the Beach'이란 제목의 이 체험전은 외골격 수트를 입은 방문객이 가상현실 헤드셋을 쓰고 멋진 해변을 걷는 상황을 설정해 두었다.

방문객이 가상 환경에서 걸으려고 하면 수트 때문에 자신의 몸무게가 18킬로그램이나 불어난 사실을 느낀다. 이 수치는 남성의 30세 생일 이후 불어난 체중의 평균치에 해당한다. 귀에서는 이명이 울려댄다. 이것은 주로 노년에 겪게 되는 불편 중 하나인데 치료가 어렵다. 고요한 바다의 모습을 보려 하면 황반 변성 때문에 시야가 어둡고 흐릿하다. 황반 변성은 수백만 명의 노인들이 겪는 시각 장애다. 수트는 관절마다 압박을 주어 관절염이 어떤 증상인지 느끼게 해준다. 많은 노인들의 걸음걸이가 뻣뻣하고 고통스러운 이유가 관절염 때문이다.

로이터Reuter 통신사 기자인 바바라 골드버그Barbara Goldberg는 전시 참가자를 관찰한 미술관 직원의 말을 다음과 같이 인용했다. "이 수트를 입어 본 사람들은 여름 더위에 해변에 있기보다는 차라리 집에서 침대에 누워있고 싶다고 느끼더군요."

오늘날의 젊은 관람객이 노년이 되는 즈음에는 노인들이 흔히 겪는 질병에 대한 치료 방법이 개발돼 있을지도 모른다. 그렇다면 우리는 개발된 해결책이 어떤 방법이든 간에 제4차 변혁 기술이 제 역할을 수행할 가능성이 높다고 생각한다.

외과 수술에 쓰이는 가상현실과 증강현실

10장에서는 혼합현실 기술이 의료 훈련을 어떻게 혁신하는지에 대해 이야기하려 한다. 증강현실과 가상현실은 미래의 의사들 훈련에 더욱 효과적이기 때문이다.

먼저 9장에서는 의사들이 신체 내부를 더 잘 이해하고 효과적으로 인명을 살리기 위해 증강현실 기술을 활용하는 사례를 다룬다.

증강현실을 이용해 암 환자의 다리를 살려내는 이야기로 시작해보자.

이 사례의 환자는 골반 깊숙이 커다란 악성골종양pelvic osteosarcoma이 있었다. 이 종양을 제거하는 고난도의 수술 과정에서 생명은 구할 수 있지만 한쪽 다리를 영영 못 쓰게 될 위험이 있었다.

뉴욕주립대 랭곤 메디컬센터NYU Langone Medical Center의 정형외과 종양전문의 티모시 랩Timothy Rapp 교수와 성형외과의 피에르 사데Pierre Saadeh 교수는 이전에 아무도 가보지 않은 길을 가보기로 했다. 이런 종류의 수술은 이전에는 환자의 앞쪽에서 절개해 들어가는데 이 경우 다리를 못 쓰게 되곤 했다. 그래서 이번에는 뒤쪽을 절개하기로 했다. 랩 교수가 종양을 제거하는 수술은 비교적 간단한 한편, 실제 난관은 종양이 제거된 부위에 남는 빈 공간을 뼛조각으로 채우는, 사데 교수가 맡은 성형 수술 부분이었다. 그렇게 하면 다리를 살릴 수 있었다.

의사들이 처음 해보는 수술을 시도할 때는 기존에 이뤄진 수술 녹화 장면을 연구하거나 시신을 놓고 연습하곤 한다. 하지만 이번 성격의 수술은 전례가 없는 경우였고 시신으로는 환자의 다리를 살리기 위한 지식을 얻을 수 없었다.

랩 교수와 사데 교수는 증강현실이 최선의 방법이란 판단이 섰다.

그들은 소프트웨어 개발자들을 고용해 수술 부위의 고해상도 3D 지도를 만들었다. 이를 바탕으로 사데 교수는 증강현실을 통한 시행착오를 반복한 끝에 종양 적출 부위를 메우는 방법을 고안할 수 있었다. 이것은 건축설계사가 3D 맵핑을 이용해 공터에 건물을 어떻게 둘지 계획을 세우는 방식과 유사하다. 사데 교수는 지도를 보면서 정확히 어느 정도의 공간을 메워야 할지 알 수 있었다. 그러고 나서 그는 환자의 다리 뼈를 긁어낸 조각들과 플라스틱으로 종양 적출 부위를 채워 넣었다.

그들은 수술에 앞서 몇 번이고 반복 연습을 할 수 있었다. 실제 수술은 완벽하게 이뤄졌다. 환자는 이제 퇴원해서 건강한 두 다리로 잘 걷고 있다.

환자의 아버지

스티브 르빈Steve Levine은 새로운 분야를 개척한 외과의사는 아니다. 그는 선천성 심장 질환을 갖고 태어난 여자 아이의 아버지다. 그의 딸 제시는 두 살 때 첫 인공 심장 박동기를 달았다. 25살이 됐을 때 그녀는 네 번째 심장 박동기를 달고 있었다.

레빈은 세계적인 소프트웨어 디자인 회사 다쏘시스템Dassault Systemes의 부사장이기도 하다. 그는 매사추세츠 주 월텀 시에 위치한 회사 연구소에 근무하면서 테슬라와 보잉을 포함한 고객들의 3D 시뮬레이션 프로젝트를 감독했다.

제시의 상황이 동기가 되어 그는 이전의 두 프로젝트를 기반으로 시뮬리아 리빙 하트 프로젝트Simulia Living Heart Project를 추진했다.

이 프로젝트의 목표는 건강한 인간의 심장 그대로를 본떠 정교한 가상현실 심장을 만드는 데에 있다. 헤드셋을 이용해 의대생들과 의사들은 극장의 관객이 영화 「디어 안젤리카」의 등장 인물 주변을 걸어 다녔던 것처럼 심장 내부를 둘러볼 수 있다.

「패스트컴퍼니」의 존 브라운리John Brownlee는 월텀 시를 방문해 가상의 심장을 둘러보았다. 그는 이렇게 썼다. "이 살아 숨 쉬는 심장이 나를 삼켜 나를 사방으로 둘러쌌습니다. 하지만 나는 위험하지 않습니다. 손가락으로 단추 하나만 누르면 이 심장을 내 손바닥만한 크기로 줄이거나 완전히 사라지게 할 수 있으니까요."

그러나 이 모험은 수백만 명의 생명을 구하고 삶을 향상시키기 위한 노력이다. 수년 내에 의사들은 신체 기관을 그대로 본뜬 디지털 쌍둥이를 만들 수 있을 것이다. 이를 통해 새롭고 건강한 신장과 환자의 망가진 신장을 서로 비교할 수 있게 된다.

브라운리는 수사학적 질문을 던졌다. "가상현실과 의학의 관계는 CAD와 건축가의 관계처럼 될까요?"

우리가 보기에 이 질문에 대한 대답은 분명히 "Yes"다.

생체공학 안구

유엔 세계보건기구에 따르면 전 세계적으로 2억 8천5백만 명의 시각 장애인이 있다. 이는 의료 기술 회사와 혼합현실 개발자들에게 상당한 기회다.

최근까지 법적 시각장애인을 돕는 최선의 의료 기술은 인쇄된 글자를 확대해 어렵게라도 읽을 수 있게 돕는 장치였다. 컴퓨터 화면을 보기 위해 돋보기를 사용하기란 쉽지 않다. 영화나 공연장에 돋보기를 가져가는 일은 없으리라. 무엇보다 안타까운 상황은 사랑하는 사람과 눈을 맞출 때 잘 보이지 않는다는 점이다.

그러나 이제 생체공학 안구와 증강현실 헤드셋이 시각 장애인의 삶을 바꾸기 시작했다. 우리는 설립 초기 단계에 있는 여러 의료 기술 회사가 시각 장애 문제에 도전 중이며 상당한 초기 결과를 내고 있음을 알게 되었다.

캘리포니아 오렌지카운티에 위치한 뉴아이즈^{NuEyes}는 이제 설립 초기 단계에 있는 회사로, ODG R-7 헤드셋에 특수 고안된 소프트웨어를 설치해 손상된 망막을 우회해 시력을 회복시킨다.

검게 처리된 안경 앞에 설치된 카메라가 사용자의 눈의 역할을 대신한다. 이 카메라는 영상을 포착하고 검은 렌즈 위로 확대해 표시하면 안경 착용자는 HDTV 품질의 영상을 볼 수 있다.

당연하게도 시각 장애인의 눈은 아이플루언스 같은 기술과는 잘 맞지 않는다. 뉴아이즈는 음성 인식과 문자를 음성으로 변환하는 기술을 활용해 글을 소리로 바꾸어 이어폰을 통해 들려준다.

현재 가격은 약 6천 달러지만 아마도 당신이 이 글을 읽을 즈음에는 가격이 더 낮아져 있을 것이다.

이 분야에서 또 하나의 유망한 회사는 세컨드사이트^{SecondSight}다. 이 회사는 증강현실 헤드셋인 아르거스II^{Argus}를 만드는데 이 제품을 사용하려면 환자의 망막 뒤에 미세한 센서를 삽입해 생체공학 안구를 만들어야 한다. 헤드셋이 망막 위에 전기 자극을 내보내면 이 센서는 시각 인식 신호를 뇌로 보낸다. 마치 정상 망막이 하는 기능처럼 말이다. 센서는 특수 제작된 헤드셋에서 시각 데이터를 받아 눈이 보지 못하는 사물을 뇌로 하여금 보게 만든다.

청각 장애인을 위한 증강현실

증강현실은 청각 장애인에게도 새로운 희망을 제공한다. 우리는 샌프란시스코에 있는 「업로드VR」 사무실에서 열린 홀로렌즈 해커톤

에 참가했다. 이곳은 스코블이 사내 창업자로 근무하는 곳이기도
하다.

이 행사에 참가한 해킹 그룹 중 하나는 말을 수화로 바꿔주는 홀
로히어^{HoloHear}를 우리에게 보여줬다. 청각 장애인이 홀로렌즈에서
이 앱을 열면 그는 수화를 사용하는 아바타를 볼 수 있게 된다. 동
시에 자막도 표시된다.

앰버 머레이^{Amber Murray}는 자신의 팀이 이 앱을 만드는 데 48시간
도 채 걸리지 않았다고 일러주었는데 우리가 보기에 만들어진 앱은
바로 사용해도 될 정도로 완성도가 높았다. 우리가 본 시연은 영어
와 수화를 위한 버전이었는데 여러 언어를 지원하도록 소프트웨어
를 손보는 작업은 어렵지 않아 보였다. 그렇게 되면 전 세계 3억6천
만 명의 청각 장애인 중 많은 이들이 혜택을 받을 수 있다.

아이들과 자폐증

자폐증이란 사람이 사회적 상호작용을 이해하는데 어려움을 겪는
일정 범주의 발달 장애를 가리키는 표현이다.

이 단어는 스코블과 그의 아내 매리암에게는 특별한 의미를 가
진다. 아들 밀란이 자폐아이기 때문이다. 자폐 스펙트럼 장애를 가
진 다른 아이들처럼 밀란은 사람에게서 배우기보다 디지털 기기를
상대하면서 이를 통해 학습하는 것을 더 잘 한다.

가상현실은 그런 아이들에게 다양한 방식으로 도움을 준다. 예
컨대 하이파^{Haifa} 대학의 연구진들은 자폐아에게 차량이 다니는 도로
를 안전하게 건너는 방법을 가르치는 가상현실 헤드셋 앱을 개발했
다. 아이들이 가상현실로 연습을 하고 나면 도움을 받아 실제로 도
로를 건너는 시도를 하게 된다.

가상현실은 표정을 읽을 수도 있다. 이를 통해 자폐아동의 집중도를 측정할 수 있다. 가상현실에서 아바타는 아이의 집중도가 떨어지기 시작할 때까지 수업을 진행한다. 아이의 집중도가 떨어지면 아바타는 사라지기 시작한다. 아이가 다시 집중하면 아바타는 제 모습으로 돌아온다.

자폐아동은 상상놀이를 잘 하지 못한다는 특징이 있다. 이 때문에 다른 아이들과 어울리기 어려워지는 경향은 그들이 노는 방식에 부정적 영향을 주고, 이는 다시 그들의 발달 능력을 떨어뜨린다. 케임브리지 대학 박사 과정에 재학 중인 젠 바이Zhen Bai는 자폐아동이 상상놀이에 대해 관심을 갖도록 돕는 증강현실 시스템을 디자인했다.

아이들은 증강현실 화면에서 거울에 비친 자신의 모습을 본다. 그리고 자기 앞 탁자 위에 놓인 블록과 이런 저런 물건들을 집어 든다. 그런데 증강현실 화면 안에서 그 물건들은 자동차, 기차, 비행기 등의 모습으로 나타난다. 이 놀이의 지향점은 아이들이 헤드셋을 사용하지 않을 때에도 그런 상상력이 이어지도록 자극하는 것이다. 이 시스템은 아직 초기 시험 단계에 있고 이 글을 쓰고 있는 시점에서 효과가 어느 정도 있을지는 미지수다.

이 같은 종류의 접근은 구직 면담이나 새로운 사람과 처음 만나는 자리에서의 어려움을 극복하기 위한 사회적 소통 기술을 자폐성향을 가진 밀레니엄 세대에게 가르치기 위해 사용되고 있다. 이 프로젝트는 미국의 자폐증 지원 단체인 오티즘 스픽스Autism Speaks가 후원하고 있다.

이 프로그램을 기획한 다니엘 양Daniel Yang 박사는 이런 학습 프로그램을 진행할 때 수년 동안 휴면상태로 있던 사회적 이해와 연관된 뇌의 부위가 활성화된다고 말한다.

10년 이후

이 장에서 이야기한 모든 기술은 아직 초기 단계에 있다. 의학적 측면에서 효과가 입증된 기술은 아직은 거의 없다.

그러나 이것은 커다란 희망을 선사한다. 그 희망이란 세상에서 가장 잔인한 질병을 앓고 있는 이들과 그런 환자들을 사랑하고 돌보는 사람들에게 오랫동안 허락되지 않았던 희망이다.

증강현실 기술이 실제로 병을 완치시키지는 못하더라도 장애가 있는 사람들은 이런 기술과의 접촉을 통해 더 자율적으로 변할 수 있고, 극심한 고통을 겪는 환자들의 고통을 덜 수 있으며, 생존 여부를 수술에 의존하는 사람들은 과거에 가능했던 삶보다 더 나은 미래를 살 수 있게 된다.

이런 기술은 환자들에게만 도움이 되는 것이 아니다. 새로운 세대의 의료 종사자들은 당신과 당신이 사랑하는 이들을 진료하기에 앞서 이런 기술을 통해 더 훈련될 수 있고 자신감을 가질 수 있게 된다.

이런 기술이 미래의 의료종사자들을 이미 어떻게 훈련시키고 있는지, 그리고 궁극적으로는 모든 사람들에게 어떻게 도움을 줄 수 있는지를 보면서 우리는 미래를 더욱 낙관하게 된다.

가상의 교사

> "우리는 아이들에게 눈을 뜬 채 꿈꾸는 방법을 가르쳐야만 합니다."
>
> – 해리 에드워즈(Harry Edwards), 스포츠 사회학자

우리의 교육 방법은 소크라테스 시대 이후 바뀐 것이 거의 없다. 선생님은 말하고, 학생들은 듣고, 앞줄에 앉은 사람들은 질문을 한다. 유치원에서부터 직장의 직능 교육에 이르기까지 이 방식은 오랫동안 효과적이었다.

그러나 그런 교실에 앉아 졸음이 몰려올 때 딴 생각을 하며, 차라리 머나먼 다른 곳에 있었으면 하고 바라지 않은 사람이 어디 있으랴. 공책이나 노트북 컴퓨터를 닫는 순간 배웠던 내용을 잊어버리는 일이 얼마나 많았는가?

혼합현실은 지난 수백 년 동안 꿈꿔왔던 학습 향상을 위한 최고의 가능성을 제시한다. 앞서 8장에서 캐터필러, 존디어, 보잉이 헤드셋을 이용해 작업자들의 학습 효과를 높인 사례를 설명한 바 있다.

이와 유사한 기술이 전 세계 교실에 도입되는 중이다. 소크라테스가 가르친 방법보다 더 기억에 남을 방식으로 학생들을 몰입시킬 수 있음을 약속하면서 말이다. 그리스의 위대한 스승을 얕잡아 보는 게 아니라 제4차 변혁 기술의 잠재력에 대한 칭찬이다.

어떤 식으로 효과가 나올지는 쉽게 알 수 있다. 날짜나 장소를 암기하는 대신 학생들은 1066년, 프랑스 계열의 노르만 족 군대를 이끄는 윌리엄 1세와 잉글랜드의 왕 해럴드 2세가 맞붙은 헤이스팅스 전투 현장에 가 있을 수도 있고, 1215년, 영국의 존 왕이 마그나 카르타 대헌장에 서명하는 모습을 어깨 너머로 지켜볼 수도 있다. 콜럼버스와 함께 대서양을 항해할 수도 있고, 기악과 학생은 런던 필하모닉과 함께 파가니니의 작품을 협연할 수도 있다.

연구용 시신 대체

가상현실이 교육 도구로 사용된다면 초등학교부터 의학 전문대학원에 이르는 모든 단계의 학교 교육을 발전시킬 것으로 보인다. 앞으로 외과의사가 될 의대생들의 수련 방식은 이미 바뀌고 있다.

의대생은 당신의 소중한 사람의 심장에 메스를 대기 훨씬 전에 가상현실을 이용해 심혈관계 해부학 분야에 통달하게 될 것이다.

케이스 웨스턴 리저브 대학교와 클리블랜드 클리닉은 세계 최고의 의학 교육 시설을 갖추는 것을 목표로, 4만 5천 제곱미터에 달하는 새로운 의학 교육 캠퍼스 개발에 협력하고 있다. 대학 홍보 담당자는 다른 의학 대학들의 모범이 될 프로그램을 개발 중임을 자랑스럽게 생각한다고 말했다.

현재 그들은 주력 기술인 홀로렌즈로 해부학 연구용 시신을 혼합현실로 대체하려 한다. 시신을 직접 해부하는 대신, 의대생들은 헤드셋을 쓰고 살아있는 장기와 조직이 실감나게 재현된 가상의 신체를 해부할 수 있다. 홀로렌즈는 2016년 4월, 마이크로소프트의 연례 개발자 회의인 '빌드Build'에서 이 프로젝트의 공식적인 시작을 알렸다.

그날 발표에서 케이스 웨스턴 리저브 의대 학장 파멜라 B. 데이비스^{Pamela B. Davis} 교수는 연단 위에 신장 182센티미터인 남성의 모습을 홀로그램으로 보여줬다. 이어 두 명의 학생이 함께 등장해 새로운 교습 방식을 시연했다.

데이비스 교수는 간단한 손동작으로 복부를 확대하고 위장, 간, 내장 등에 조명을 비췄다. 두 번째 손동작으로 홀로그램을 180도 회전시켜 학생들로 하여금 췌장의 위치를 찾아내게 했다.

세 번째 손동작으로 췌장을 별도의 홀로그램으로 분리한 후 공중에서 이를 확대하고 천천히 회전시켜 의대생들이 모든 각도에서 이를 관찰하는 방법을 보여줬다.

이어지는 시연에서는 뇌에서 뼈까지, 신체 내부의 거의 모든 영역을 보여주면서 학생들이 각 부분의 위치와 형태를 알고 관찰할 뿐 아니라 부러지거나 상한 부위를 고치고 이식하는 연습도 할 수 있게 했다.

이처럼 두 손을 자유롭게 사용하는 것이 중요한 실습 교육에서 홀로렌즈 같은 헤드셋은 효과를 발휘한다. 예컨대 요리나 고가 장비의 용접과 수리 등도 이에 해당한다. 3D 센서는 실수를 바로 잡도록 경고를 할 수도 있다. 사브^{Saab}는 이 같은 방법으로 미래의 항해사들에게 항해술을 가르치고 있다.

케이스 웨스턴 리저브 대학교는 다른 의과대학에 있는 의대생들의 원격 교육에도 홀로렌즈를 이용할 계획이다. 마이크로소프트 빌드 콘퍼런스에서 이 기술을 소개했는데, 샌프란시스코에서 열린 이 행사에 등장한 연사는 실제로는 본교가 위치한 오하이오에 있었고 홀로그램으로 연단에 올라왔다.

우리는 이미 미술사, 토목공학, 도예, 환경과학, 원예, 가정 내 수리 작업 등의 다양한 주제를 가르칠 수 있는 세계 최고의 전문가들이 자기 집에 머물면서 전 세계를 상대로 가르치며 교실에 있는 학생들과 서로 상호작용하는 모습을 목격하고 있다

다음 두 가지 경우에 대해서는 가상현실 영상 강의보다 실시간 증강현실 강의가 효과적이라고 생각한다.

- **참여**: 해부학 같은 주제는 상호작용이 효과적이다. 학생 실습에 강사가 함께 참여할 수 있다면 매우 유익하다.
- **빈번한 변화**: 가상현실 영상은 제작비가 많이 든다. 이 점은 향후 5년간 크게 바뀌지 않을 것으로 보인다. 그러므로 경제학이나 정치학처럼 강의 내용이 시사적이어서 자주 업데이트해야 하는 과목은 가상현실 동영상보다 강사가 홀로그램으로 등장하는 편이 효과적이다.

그러나 가상현실은 여전히 다양한 교육 상황에 효과적이다. 그중 하나가 공립학교 교육의 경우다.

가상 학습 여행

미국 서부에는 가상현실 학습을 개발 중인 대표 기업이 두 곳 있다. 이들 기업은 비슷한 접근법을 사용하고 있어서 격돌이 불가피한데, 이 덕분에 더 많은 혁신과 가격 경쟁이 기대된다.

구글 엑스페디션Google Expedition은 학생들을 가상의 현장 수업에 데리고 가는 도구다. 카드보드 뷰어와 알케미Alchemy VR 소프트웨어를 통해 2백 군데가 넘는 장소를 3D 투어로 경험할 수 있다. 현장 수업 장소는 산호초 지대, 남극, 우주, 박물관, 그리고 버킹엄 궁전 같은

명소를 포함한다.

360도 파노라마와 3D 이미지에는 상세 정보와 함께 인기 장소가 표시되며 학생들을 위한 질문이 제공된다.

엑스페디션 버킹엄 궁전 판에서 학생들은 실제 방문객들이 보는 것과 같은 투어를 가상으로 체험한다. 가상 도슨트의 세련된 설명을 들으면서 대형 무도회장과 유명 예술작품을 둘러볼 수 있다.

이 도구는 아직 상당히 비싸다. 3D 정물 사진을 보여주는 가상 현실 뷰마스터와 카드보드를 비롯한 교육 도구를 포함한 30명 학생을 위한 모듈은 베스트바이에서 1만 달러에 판매된다.

아마도 상대적으로 부유한 학군에서 매출이 일어나리라 생각된다.

다른 하나의 회사는 니어포드^{Nearpod}다. 세일즈포스닷컴의 CEO 마크 베니오프$^{Mark Benioff}$를 비롯한 여러 투자자의 후원을 받으며 빠르게 성장 중인 회사다. 구글의 엑스페디션과 유사한 형태로, 카드보드로 볼 수 있는 가상현실 소프트웨어를 수천 곳의 미국 초등학교에 제공한다. 이스터 섬, 이집트 피라미드, 세계 최대의 산호초 지대인 호주의 그레이트 배리어 리프, 세계 최고층 빌딩 등 과거와 현재의 세계적 명소를 둘러보는 현장 교육이 가능하다.

라이선스 가격이 1천 달러부터 시작하는 니어포드는 구글 엑스페디션보다는 상대적으로 저렴하다. 게다가 이 회사는 경제적으로 취약한 학군에는 교육 키트를 무료로 제공한다.

우리가 이 두 프로그램을 저울질할 입장은 아니지만 그래도 니어포드를 응원하고 싶다. 이스라엘은 그의 저서 『치명적 관대함^{Lethal} ^{Generosity}』에서, 경제적으로 취약한 미국의 도심지 학군에서는 교육 기자재 구비나 급식 제공조차 어려운 현실을 지적한 바 있다. 이런 학군의 학생들에게 최신 교육 기자재를 기부하는 행위는 많은 이들이 우려하는 정보 격차를 해소하는 방법 중 하나다.

한편 이머시브 VR 에듀케이션Immersive VR education은 아직은 니어포드나 구글 엑스페디션 만큼의 두드러진 역할은 못 하고 있지만 가상현실을 스토리텔링용으로 사용하는 그들의 방식은 인상적이다. 그들의 초기 제품 중 하나는 아폴로 11호 우주선으로 달착륙 탐험을 하는 가상현실 프로그램이다. 이 제품은 2016년 유니티 비전 어워드에서 최고 작품상을 받았다. 거의 대부분의 가상현실 게임 개발자들이 사용하는 플랫폼을 제공하는 유니티 사가 인정해서 주는 상이니만큼 이머시브 사의 신뢰도에 도움이 될 것이다.

화학 약품을 가지고 즐기기

또 다른 교육 스타트업인 지스페이스zSpace는 공립학교를 위한 가상현실 실험실을 제공한다. 이 회사 시스템은 터치 스크린 모니터와 화면에 그림을 그릴 수 있는 디지털 펜으로 구성된다. 일반 평면 스크린보다 훨씬 더 몰입되는 3D 안경을 쓰고 다양한 주제를 경험할 수 있다.

미시건 주 유티카카운티 학군의 6학년 학생들은 자연스럽게 움직이는 애니메이션을 그릴 수 있다. 미래의 의대생을 꿈꾸며 학생들은 사람의 심장 또는 안구 내부를 탐험하거나 생체공학 팔을 조립, 해체해 볼 수 있다. 사용자가 궁금한 부분을 터치하면 텍스트 상자가 열리면서 세부 사항을 설명한다.

학교를 염두에 두고 설계된 이들 실험실은 새로운 형태의 퀴즈를 출제할 수 있다. 예를 들어 사마귀나 바다 포유류 같은 동물이 등장하면 학생들은 그것이 곤충인지 해양 생물인지를 맞추는 방식이다.

물론 상당수의 교육용 증강현실과 가상현실 앱이 기존 스마트폰과 태블릿용으로도 출시될 전망이다. 아이들과 성인들을 대상으로 한 교육용 3D 프로그램이 구글의 탱고 센서가 내장된 스마트폰용으로 줄줄이 출시되지 않는다면 오히려 이상할 것이다.

스마트폰이 있는 곳에는 반드시 앱이 있기 마련이다. 북스 앤 매직Books & Magic은 고전 그림책을 종이책 버전으로 판매할 계획이다. 첫 작품은 한스 크리스찬 앤더슨의 고전 『인어공주』였다. 이 책은 새로운 그림들로 가득 찼는데 모바일 앱이 켜진 스마트폰을 그림 위에 올려 놓으면 3D 형태로 그림이 튀어나온다. 인어 공주가 거의 닿을 듯이 손을 내민다.

우리는 고교 시절 가장 어려웠던 내용이면서도 시험이 끝나면 바로 다 잊어버렸던 과목인 화학을 가르치는 진짜 멋진 앱을 발견했다. 알룬Arloon 화학 앱은 증강현실을 통해 일반적인 화합물을 이루는 원소들에 대해 가르쳐 준다. 예컨대 물 분자는 수소와 산소의 결합으로 이뤄진다는 식으로 말이다. 내장된 영상은 재미있고 흥미진진하다. 우리의 학창 시절에 화학을 이렇게 신나고 재미있게 배울 수 있었다면 얼마나 좋았을까?

가상의 교사들

중국은 인구 증가 억제를 위해 사회공학적 기법에 의존해 그 어느 국가보다 많은 노력을 기울였다. 2005년 이후 인구 성장률은 연간 0.5% 이하에 머물렀음에도 14억 가까운 인구에 매년 7백만 명이 새로 태어난다. 이들 대부분은 공립학교로 진학할 텐데, 여기서 한 가지 문제가 발생한다. 중국은 교사의 충원과 훈련에 적극적이지만 학생 수 증가에 미치지 못한다는 점이다.

양질의 교육을 최우선으로 여기는 정부와 부모들은 이 같은 상황을 걱정한다. 교실의 교사들에게 어떤 대안이 있을까? 가상의 교사들이 그 대안일 수 있다.

핵 앤 슬래시hack and slash 류의 비디오 게임 개발로 성공을 거둔 넷드래곤NetDragon 사는 컴퓨터 안의 괴물과 해적을 베어 없애는 게임보다 아이들의 교육 시장의 성장 잠재력이 더 크다고 판단했다. 이들은 정부와 공동으로, 교사가 없는 교실에서 헤드셋을 쓴 학생들에게 제공할 가상 학습 소프트웨어를 개발해 왔다.

2013년 이후 넷드래곤은 이 아이디어를 바탕으로 새로운 개발과 실험을 거듭해 왔다. 2017년에 중국내 일부 지역에서 완전한 증강현실 교실을 시범 운영할 계획이다.

물론 교사에게는 수업 이외의 역할도 있다. 교사들은 특별한 관심이나 엄격한 지도가 필요한 학생들을 면밀히 관찰해야 한다. 넷드래곤의 학습용 헤드셋은 각 학생의 개별 행동을 위한 센서가 내장돼 있다. 느린 속도로 수업해야 하는 학생들을 위해서 속도를 줄이고, 쉽게 지루함을 느낄 수 있는 똑똑한 아이들을 위해서는 속도를 높이는 등 수업 진행 속도의 완급을 조절할 수도 있다.

아이들이 딴 생각을 하지 못하게 하기 위해 이 프로그램은 누구에게든 돌발 퀴즈를 낼 수가 있다.

가상의 교사들은 객관성을 유지할 수 있다. 즉 특정 학생에 대한 편견이나 편애 없이 각 학생에게 가장 적절한 교육 스타일로 조절할 수 있다. 각 학생은 지도 교사의 성별이나 나이를 선택할 수 있고 언제든 바꿀 수도 있다. 아마도 시간이 지나면 인공지능은 필요에 따라 교사의 성격을 더 엄격하게 하거나 더 유쾌해지도록 변화시킬 수 있는 수준으로 발전할 것이다.

자폐증 등 학습 장애의 초기 징후는 일반 인간 교사가 종종 놓치기 쉬운 반면 헤드셋은 이를 조기에 발견할 수 있음은 이미 언급한 바와 같다.

여기에서 사생활 침해가 논란이 될 수도 있지만 중국에서는 대부분의 사람들이 사회 불안 방지 차원에서 국민을 감시하는 정부에 익숙해진 상태다.

그러나 인공지능 헤드셋이 아이들을 감시한다는 개념은 서양에서는 강한 반대에 부딪힐 가능성이 높다. 수년 내에 어떤 양상이 전개될지는 두고 보면 알게 될 것이다.

2016년 8월, 넷드래곤은 영국의 온라인 교육 업체 프로메티안 월드Promethean World를 1억 달러에 인수했다. 프로메티안은 전 세계 220만 명의 교사와 4천만 명의 학생에게 휴대폰과 스마트칠판용 증강현실 앱을 제공하는 회사다. 특히 인도처럼 자녀 교육에 높은 우선순위를 둔 나라에서 인기가 높다. 인구 성장률이 높은 나라에서는 필요한 교사를 제때에 충원하기가 쉽지 않기 때문이다.

교실용 스마트칠판이 프로메티안의 주력 사업이다. 이 스마트칠판은 교실 전체에 가상현실 또는 증강현실 콘텐츠를 보여줄 수 있다. 다만 센서가 없고 각 학생들의 눈을 확인할 수는 없다.

이 스마트칠판이 넷드래곤의 사업 확장에 얼마나 기여할지 두고 봐야 알겠지만 이 회사는 이미 전 세계 아이들의 학습 미래를 향상시킬 수 있는 유리한 자리를 확보해 놓았다.

결정적인 요소

교육은 아이들의 미래를 결정할 뿐 아니라 사회에 어떻게 영향을 미치고, 문화가 어떻게 발전하고 변화할지를 결정한다.

제이슨 간츠Jason Gantz는 자신의 블로그인 싱귤래리티 허브Singularity Hub 에 교육의 미래에 대해 이렇게 적었다. "가상현실을 이용한 교육은 더욱 빠른 학습과 더 활발한 교류를 가능케 할 것이다. 가상현실의 협동 공간은 세계가 직면한 커다란 도전을 해결하기 위해 서로 어디에 있든지 함께 일할 수 있게 해 준다."

우리는 간츠가 이들 신기술의 핵심을 잘 파악했다고 생각한다. 이것이야말로 혼합현실 기술을 그 이전의 기술보다 훨씬 더 나은 것으로 만드는 결정적인 요소다.

혼합현실 기술을 통해 우리는 더 빠른 속도로 배우고 소통하며, 더 즐겁게, 더 깊이 이해한다. 이 책의 핵심을 한 문장으로 요약한다면 제4차 변혁 기술을 통해 우리는 모든 것을 더 잘 배울 수 있고 더 잘 소통할 수 있게 된다는 말이 될 것이다. 인공지능은 새로운 시대의 엔진 역할을 하며, 스마트폰보다는 헤드셋에서 더 큰 효과를 발휘할 것이다.

우리가 기술 옹호론자로서 거리낌 없이 이런 말을 쓰고는 있지만 신기술의 장래가 장밋빛 일색인 것만은 아니다. 뇌파를 읽어내는 소프트웨어가 인간 교사의 자리를 차지하게 되리라는 전망은 부모와 조부모 입장이 된 우리에게 적잖이 꺼림칙하게 느껴지는 일이기도 하다.

사실 우려를 일으키는 요소가 그 외에도 여럿 있다. 신기술을 돈벌이를 위해 남용하는 이들도 있다. 모든 발전에는 염려스러운 부작용이 있기 마련이다.

이제 3부에서는 이 점에 대해 살펴보기로 하자.

3부

세계의 변화

"자기가 세상을 바꿀 수 있다고 생각할 만큼
미친 사람들이 결국 세상을 바꾸는 사람들이다."

– 스티브 잡스(Steve Jobs), 창업가이자 발명가

무엇이 잘못될 수 있을까?

> "지금 현재 가장 안타까운 점은 사회가 지혜를 모으는
> 속도보다 과학이 지식을 모으는 속도가 더 빠르다는 사실이다."
>
> **– 아이작 아시모프(Isaac Asimov), 과학 공상 소설의 대가**

우리는 두뇌에 직접 연결되는 기술에 대해 이야기하는 중이다. 이 기술은 우리가 무엇을 보는지 관찰하고, 개인의 행동 패턴에 관한 데이터를 수집한다. 이 기술은 우리가 언제 흥분하고 언제 지루함을 느끼는지 알고, 심장 박동이 언제 빨라지고 언제 완전히 정지하는지 감지할 수 있다.

과연 어떤 문제가 생길 수 있을까?

미래를 다루는 대부분의 책에서는 암울한 이야기에 일정 분량을 할애한다. 이 책에서도 그런 이야기를 할 차례가 되었다.

이 책은 우리가 함께 쓴 세 번째 책이다. 앞의 두 책에서 우리는 소셜미디어와 컨텍스트 기술의 잠재적 부작용을 살펴보고 나서 그다지 심각하지 않다는 진단을 내렸다. 좀 잘난 체하는 것으로 보였을지도 모른다. 굳이 변명하자면 우리는 객관적 관찰자로서가 아니라 기술 옹호론자로서 책을 쓴다는 점을 이해해 주기 바란다.

우리가 보기에 판도를 바꾸는 기술은 언제나 해로운 부작용을 동반하지만 또한 언제나 삶과 일을 향상시켰다. 언제나 그랬다. 새로운 시대를 열어줄 놀라운 신기술을 지난 2년간 조사한 다음에 내

린 우리의 판단도 그와 같다.

하지만 솔직히 말해 인공지능과 혼합현실의 부정적인 가능성 중일부는 우리도 아찔할 정도로 겁이 난다. 사람과 기계가 서로 밀접하게 얽히게 되는 이 새로운 시대에 잘못될 수 있는 심각하고 걱정스러운 일들이 있다.

우리가 우선 두려워하는 것은 약간 자기중심적이지만, 만약 우리가 틀렸다면 어떻게 해야 할까?

우리의 저서 『블로그 세상을 바꾸다Naked Conversations』(홍성준, 나준희 옮김, 체온365, 2006년)에서 소셜미디어가 기업과 고객들의 소통방식을 바꾸게 된다고 한 주장은 정확히 맞았다. 또 다른 저서 『컨텍스트의 시대Age of Context』(박지훈, 류희원 옮김, 지&선, 2014년)에서 모바일, 소셜, 사물인터넷, 데이터와 위치 정보 기술을 모아 기업의 고객요구에 대한 이해를 높이는 동시에 사생활 침해의 우려가 있다고 말한 예상도 맞았다.

사람들이 스마트폰 대신 헤드셋을 사용하고 주변의 온 세상이 사용자 인터페이스가 되리라는 우리의 예측은 과연 맞아떨어지게 될까?

탱고, 스냅챗, 포켓몬 고를 통해 즐기는 가상현실과 증강현실이 그 자체로 충분해서 굳이 헤드셋을 사용할 필요를 못 느끼지는 않을까?

헤드셋의 디자인과 성능이 우리의 예상만큼 빠른 속도로 발전하지 못할 수도 있다. 제4차 변혁에서 매우 중요한 요소인 휴대성이 충분히 확보되지 못할 수도 있다. 매직리프와 애플이 내놓는 제품이 만족스럽지 못할 수도 있고, 이들이 제품 출시 자체를 못할 수도 있다.

스마트 글라스는 일반 안경과 구분이 안 될 정도로 소형, 경량화 돼야 하는데 기술자들이 필요한 모든 기술을 스마트 글라스 안에 집약시키는 방법을 찾아내지 못할 수도 있다.

또한 자율주행 자동차, 로봇, 인공지능 기기 등의 제4차 변혁 기술에 대한 사람들의 심리적 거부감이 너무나 커서 이 모든 기술이 비참하게 무산될 수도 있다.

이런 우려가 전부, 또는 그 중 일부라도 현실화된다면 지난 2년 동안의 조사 내용 대부분이 무용지물이 되고 만다. 이는 첫 개인용 컴퓨터부터 시작된 디지털 기술의 역사적 의미를 퇴색시킬 것이다. 또한 지난 과거의 최고의 기술자들의 업적을 오늘날의 최고 기술자들이 이어받지 못했다는 뜻이 된다. 너무나 많은 똑똑한 투자자와 기업들과 기술전문가들이 이 미래에 큰 기대를 걸고 있는 상황에 우리가 예측한 미래가 꽃을 피우지 못한다면 너무나 많은 것을 잃는 결과가 된다.

우리의 구체적 예측 모두가 문자 그대로 이뤄지라는 법은 없다. 그러나 인공지능과 혼합현실에 의해 움직이는, 매우 다른 세계로 진입하고 있음을 입증하는, 압도적인 증거들이 나오고 있다. 그리고 그 세계에 한번 진입하면 되돌아 올 수 없다.

한편, 가차 없는 기술의 진보가 가져올 걱정거리인 건강, 안전, 사생활 문제, 과도한 마케팅의 잡음, 그리고 조지 오웰이 상상한 개인의 고립 등도 무시할 수 없다.

그런 우려 때문에 사람들은 골치 아픈 물건들의 전원을 꺼버리고 진보와는 담을 쌓고 지내고 싶을 수도 있고, 혹은 모든 희망을 내던진 채 혼합현실 경험에 중독된 삶을 살 수도 있다.

10년 후의 모습을 한번 상상해 보자. 혼합현실의 시대로 이미 진입해 다양한 헤드셋이 실재 세계와 혼합된 가상의 놀라운 경험을 선사한다고 말이다.

패셔니스타들은 폴로, 다이앤 폰 퍼스텐버그^{Diane Von Furstenberg}, 구찌의 최신 헤드셋 디자인에 열광한다. 렌즈크래프터스^{LensCrafters}, 워비 파커^{Warby Parker}, 타겟, 코스트코, 월마트가 제공하는 다양한 상품 중에서 맘껏 고를 수 있다. 탱고의 매장 지도가 길을 보여주고 원하는 상품이 있는 곳으로 로봇 점원이 직접 안내한다. 종류는 다양하고 경쟁은 치열해서 특별 세일 상품이 넘쳐난다.

이것이 우리가 가까운 미래를 보는 관점이다. 과연 무엇이 잘못될 수 있을까? 우선 한 가지는 어린 시절의 경험이 기성 세대가 도무지 이해할 수 없는 모습으로 변모할 가능성이 있다는 점이다.

아바타를 롤모델로 삼기

10장에서 우리는 헤드셋이 전 세계의 어린이들을 가르칠 슈퍼 교사가 되는 상황을 그려봤다. 그들은 우리 자녀들의 취향에 따라 맞춤 설계된 아바타의 모습으로 등장할 수 있다. 이들 기기는 아이들이 언제 배움에 집중하고 지루함을 느끼는지 알 수 있다. 이들은 감정의 기복도 없고, 학습 능력이 뛰어난 학생을 놓고 수업을 느릿느릿 진행하는 일도 없다.

그러나 교육 시스템이 은밀한 상업적 조종 또는 정치적 교화를 위한 장치로 전락할 가능성은 없을까? 물론 있다. 아이들이 사람보다 소프트웨어를 더 신뢰하게 된다면? 우리 아이들이 아바타를 롤모델로 삼고 우러러 본다면? 아이들이 이런 관점을 가지고 성장해 만들어 내는 사회 문화는 과연 어떤 모습일까?

그리고 종교와 정치의 변수도 있다. 정치는 도대체 끼어들지 않는 곳이 없다. 지적 설계 대 진화론 논쟁의 경우처럼 미국에서도 학군에 따라 종교적 신념과 정치적 이념이 서로 얽혀 교육 정책에 혼선을 빚는 경우가 종종 있는데, 전통방식을 고수하려는 학군에서 신기술이 과연 받아들여질 수 있을까?

중국 이야기를 했는데 급속하게 늘어나는 인구의 수요를 맞추기 위해 교육용 헤드셋이 교사를 대체하는 첫 국가가 될지도 모른다.

그런 나라의 아이들은 어떤 모습으로 자라날까? 뭔가 새로운 내용을 배우려고 할 때 우선 헤드셋의 가상 교사에게 의존하게 될까? 이런 행동은 학습을 어떻게 변화시킬까?

그런 시스템은 아이들의 창의성을 키울 수 있을까? 아니면 아이들이 로봇을 따라 하게 될까? 아이들뿐만이 아니다. 인간 요리사는 요리를 배우는 학생들에게 창의적인 조리법 개발을 시도해 보라는 자극을 주기도 하지만, 자동화된 교수법에서는 정확성을 강조해 요리의 즐거움 중 상당 부분을 없애면 어떻게 하나 우려되기도 한다.

이것은 아이들만의 문제가 아니다. 다양한 성인 교육도 혼합현실로 이뤄질 수 있다. 교육 훈련 매뉴얼은 가상현실로 작성되고 상업용 항공기와 건축물 배선의 안전 확인도 증강현실과 가상현실에 의존하게 될 것이다. 캐터필러, DHL, 존디어 같은 전통 기업은 이런 기술을 이용해 신입 직원들을 교육할 것이다. 일터에서 회사 문화의 분위기를 전해주고 성과를 위한 조언을 건네주던 '선임자'의 역할은 앞으로 어떻게 될까?

그런 변화의 결과는 예측하기 어렵다. 그런 변화가 다음 10년 사이에 더 광범위하게 파급되고 나서야 어느 정도 감을 잡을 수 있을 것이다.

한번 생각해 보라. 마이크로프로세서의 탄생 직후부터 기술은 사람들이 무엇을, 어떻게 배우는지를 바꿔놓았다.

오늘날 우리가 사용하는 기기에는 우리가 전화 통화를 하거나 문자 메시지를 보내는 사람들의 전화번호를 저장돼 있다. 과거에는 우리가 그걸 암기하고 다녔다.

조만간 로봇과 결합된 자동차가 등장할 것이다. 결국 운전법을 배울 필요가 없어질 수도 있다. 목적지로 가는 길조차 몰라도 되고, 최적 경로를 확인하기 위해 소셜 기반 음성 길 안내 서비스 앱인 웨이즈Waze도 필요 없을 수도 있다. 우리의 차는 사물인터넷을 통해 제공되는 인프라와 우버Uber나 리프트Lyft 같은 시스템을 통해 다른 차량과 정보를 공유하면서 이 모든 상황을 알아서 해결할 것이다.

우리의 두뇌가 그런 일상의 부담으로부터 자유롭게 되면 남아도는 지능을 무엇에 사용하게 될까? 우리의 두뇌는 더 창의적이고 직관적이 될까? 혹은 습하고 먼지 나는 지하 창고의 어두운 구석처럼 퇴화돼 버릴까?

제4차 변혁의 시대에 우리는 더 현명해질까 아니면 더 어리석어질까?

오락거리로 가득 찬 미래

책이라는 제약 때문에 우리는 혼합현실 기술에 초점을 좁힐 수 밖에 없었다. 제4차 변혁에 있어서 인공지능에는 자율주행 자동차와 로봇, 인간과 대화를 나누는 지능형 소프트웨어와 기기, 그리고 매장의 3D 지도가 혼합현실로 표시되는 스크린이 부착된 쇼핑 카트처럼 아직 발명되지 않은 기술도 포함된다. 그런 장치는 매장에서 길을 안내하고 상황마다 적절한 마케팅 제안을 제공한다.

또한 서로 연결된 사물인터넷 센서도 중요하다. 각각의 센서는 아주 제한된 지능을 갖지만 함께 연결될 경우 현존하는 최고의 인공지능 기계인 왓슨Watson을 능가한다.

이런 변화는 인간의 일자리를 위태롭게 한다. 존 마코프는 그의 책 『인자한 기계들Machines of Loving Grace』에서 2015년까지 기술이 없앤 일자리보다 새로 만들어낸 일자리가 더 많다고 설명했다. 앞으로도 그럴지에 대해 그는 부정적으로 봤다. 우리도 그와 같은 우려를 갖고 있다. 혼합현실이 미디어 영상 제작, 엔터테인먼트, 그리고 마케팅 분야에서 수백만 개의 일자리를 만들어낼 잠재력에도 불구하고 말이다.

기계가 인간의 직업을 위협하는 상황에 대한 우려는 이미 오래전부터 있었다. 과학공상 작가 아서 C. 클라크는 그의 작품 『유년기의 끝Childhood's End』(정영목 옮김, 시공사, 2016년 개정판 출간)에서 정부가 재화를 효과적으로 분배해 모든 사람의 필요가 충족된 세계를 그렸다.

아서 클라크의 예측이 옳다면 우리는 가상현실 엔터테인먼트가 발전해 온 방향과 그것이 향후 윤리와 문화에 어떤 충격을 안겨줄지에 대해 우려할 수 밖에 없다.

그가 그린 세계에서는 엔터테인먼트가 새로운 선도 산업으로 자리 잡았다. 직업을 가진 창의적인 사람들은 시간이 남아도는 실업자들을 즐겁게 하기 위해 고용되었다. 이런 류의 엔터테인먼트가 한때 전화번호를 기억했던 두뇌의 빈 자리를 차지하게 될까? 차라리 두뇌의 빈 자리를 그대로 비워두는 편이 나을 것인가?

현재 가상현실에서 가장 급성장하는 영역은 게임 분야다. 게임 속에서 이뤄지는 활동의 대부분은 베고, 찌르고, 태워 없애고, 쏘는 일들이다. 이런 게임화된 도살 행위가 실생활로 옮겨오는 끔찍한 상황이 벌어진다면? 어떤 이들이 TV가 그런 영향을 미쳤다고 말했듯이 이런 게임 때문에 현실에서 일어나는 폭력에 무감각해질 수 있을까?

흉물 없애기

혼합현실 기술의 우려되는 측면은 이것 말고도 있다. 실재를 가상으로 대체하는 과정이 너무나 효과적으로 이뤄져서 실재와 가상을 구분할 수 없게 된다.

이런 기술적 능력 덕분에 이 책에서 말한 대부분의 흥미진진한 경험이 가능해지기는 했지만 동시에 약간의 우려를 남긴다.

우리가 흉측한 모습을 보게 될 때 이를 나비나 폭포 같은 장면으로 간단히 바꿔버릴 수 있을까? 주변 환경이 불쾌하게 느껴질 때 "요세미티 공원으로 가자." 같은 말 한 마디로 더 쾌적한 환경에 들어가게 될까?

우리가 우려하는 바는 스마트폰이 지루함을 못 견디게 만들었듯이 혼합현실이 보기 싫은 상황을 못 견디게 만들지는 않을까 하는 점이다.

간단한 손짓 하나, 명령어 한 마디, 또는 눈짓 하나로 불편을 회피할 수 있는 인간이 된다는 의미는 무엇일까? 인공지능이 공감 능력을 갖추는 동안 우리는 인간 본연의 공감 능력을 잃어버리는 것은 아닐까? 그렇게 된다면 미래의 아이들은 위로를 얻기 위해 부모를 찾지 않고 기계를 찾아가게 될까?

볼품없는 동네를 근사하게 보이게 하려고 가상의 꽃, 창문, 장식 등을 설치해 그곳 주민들이 고통 받는 모습을 가리는 일을 정부가 추진한다면? 도로변에 누워 있는 노숙자는 가려지고 아름다운 화분의 영상이 대신 보여질까? 그런 것은 동정심이나 분노에 어떤 영향을 끼칠까?

그런 가능성은 상상만으로도 끔찍하다.

가상의 섹스

앞으로 일어날 변화에 대해 스코블이 기술전문가들과 대화를 시작한 지 2년이 흘렀다. 돌이켜 생각해 보면 그 중에는 불편한 이야기도 많았다. 그 중 두 가지가 마치 보이드 VR 경험에서 등장한 유령처럼 우리 눈 앞에 아른거린다.

그 중 하나는 메타의 CEO 메론 그리베츠^{Meron Gribetz}와 가진 대화였다. 그는 자사의 혼합기술 헤드셋이 실재를 가상으로 대체하는 능력이 얼마나 뛰어난지에 대해 말하면서 햅틱 기술을 쓰면 존재하지 않는 사람을 촉감으로 느낄 수 있다는 이야기를 했다.

이스라엘이 그에게 이론적인 가능성에 대한 질문을 던졌다. "한 번도 여자 친구를 사귀어 본 적이 없는 십대 소년이 있는데 그가 여자 친구를 사귀기 원한다고 합시다. 그가 가상의 여자 친구를 만들 수 있을까요? 그의 신체적, 지적, 영적, 미적 취향에 따라 그녀를 맞춤 설계할 수 있을까요? 그녀가 오로지 하는 일이라곤 성적인 행위를 포함해 그를 만족시켜 주는 일이 되도록 프로그램할 수 있을까요?"

위의 각 질문에 대한 답은 모두 "Yes"였다.

음. 그렇다면 결국 진짜 여자 친구보다 가상의 여자 친구를 더 좋아하게 될 수도 있지 않을까?

이 질문에 대한 대답도 "Yes"였다.

이런 일들은 일본에서 벌써 일어나고 있다. 젊은이들은 결혼해서 아이를 낳는 생활에 대해 관심을 잃어간다. 출산율은 인구 대체 출산율 이하로 떨어진 상태다. 나라는 고령화, 저성장이 진행되는 가운데 경제도 활력을 잃어가는 중이다.

지인 중 한 명인 마틴 바르사브스키Martin Varsavsky는 마드리드에 새로운 회사를 설립했다. 이 회사는 성관계 없이도 아이를 가질 수 있게 한다. '산모의 선택권'이라는 표현에 전혀 새로운 의미를 부여하는 셈이다.

전통적인 방법을 벗어나 아이를 가진다는 이야기는 올더스 헉슬리Aldous Huxley가 1932년에 발표한 디스토피아 소설 『멋진 신세계Brave New World』에서 그려낸, 아기를 실험실에서 인공적으로 생산하는 장면을 연상시킨다.

헉슬리는 가상현실 섹스가 실제 인간을 대체하게 될 것을 예고하는, '촉감영화feelies'라고 부르는 가상의 오락수단을 창조했다. 소설 속에서 사람들은 극장에 가서 영화 속의 성행위를 보며 감각적 자극을 생생하게 느낄 수 있는 것으로 표현된다.

정부의 통제

그러나 헉슬리가 다루고자 한 핵심 주제는 정부의 통제였다. 우리가 알고 있는 형태의 섹스가 사라지는 모습보다 이 점이 훨씬 더 우려된다. 그는 정부가 모든 사람을, 그리고 온 세상을 초월적으로 다스리는 세계를 그려냈다.

만약 당신이 이 멋진 신세계에서 우울증을 느낀다면 정부는 우울증을 치료할 소마soma라는 이름의 약을 제공한다. 사람들의 기분이 좋으면 통제하기가 훨씬 수월해지기에 그렇다. 우리가 통증과 극심한 질병과 장애를 완화하기 위해 혼합현실을 활용하는 마인드메이즈 같은 의료 기술 회사에 대해 연구할 당시 이런 점을 떠올렸다.

그러나 정부가 사회를 통제하기 위해 어떻게 이 기술을 사용할 수 있을까?

10장에서 중국 정부가 승인한 가상 교사에 대해 이야기했다. 인간 교사의 공급이 부족할 때 분명한 효과가 있는 프로그램이다. 이런 공인된 인공지능 소프트웨어가 정부가 원하는 세계관을 아이들에게 주입할 가능성은 아주 높다.

미국의 보건복지부와 보험업계를 대표하는 로비 단체가 포켓몬 개발자와 협력해 트로피 사냥을 바탕으로 한, 모종의 건강 훈련 프로그램을 만든다면? 가장 높은 포인트를 획득하거나, 또는 체중 감량 목표를 달성한 플레이어에게 약간의 세금감면 혜택을 준다면?

멋지고 재미있어 보이긴 한다. 교육을 개선하고 신체를 단련시키는 등의 고상한 목표에 정부의 의도가 어느 정도 개입하는 경우는 괜찮아 보인다. 하지만 이론적으로 가능한 일은 결국 실현되는 경향이 있다. 아마도 반드시 실현되고 말 것이다. 정부가 스스로의 권력 유지를 목적으로, 또는 적극적인 마케팅 조직이 이윤 획득을 목적으로 증강현실과 가상현실을 이용해 시민들의 행동을 조종한다면? 사실 그런 일은 페이스북에 의해 이미 실행됐고, 다른 이들도 할 수 있으리라 생각한다.

신기술에 안전장치가 도입되지 않는다면 그런 일은 얼마든지 일어날 수 있다. 우리는 그런 안전장치의 도입을 기대하지만 아직 제도화되지는 않았다.

가상의 여자 친구는 조만간 헉슬리가 말하는 촉감영화의 역할을 하게 될까? 정부가 어떤 이유로든 가상현실 게임과 보상을 활용해 사회를 통제하기 시작할까? 우리는 이와 비슷한 일들이 2025년 이

전에 생겨나리라 본다.

헉슬리가 제4차 변혁을 직접 목격한다면 뭐라고 말할지 궁금하다.

페이스북상의 비관적 관점

우리가 2006년에 『블로그 세상을 바꾸다Naked Conversations』를 출간했을 때, 우리는 온라인상의 친구들로부터 통찰, 피드백, 아이디어 등을 얻기 위해 소셜미디어를 사용했다. 우리는 편집과 교정에 들어가기 전에 초기 원고의 일부를 공개하고 사람들의 의견을 물었다.

이런 투명한 과정이 때로는 당혹스러울 때도 있지만 언제나 더 나은 책을 쓰는 데에 도움이 된다.

2015년 말에서 2016년 말에 이르는 기간 동안, 페이스북에 이 책의 내용과 연관된 질문을 올렸다. 이러한 신기술의 어떤 점이 두려운지를 물은 질문이 가장 많은 반응을 얻었다. 제안이 백 개도 넘었다.

투자가이면서 록기타 연주자인 로저 맥나미Roger McNamee는 우리에게 이렇게 말했다. "가상현실에 오래 노출되면 신경에 부작용이 생길까 우려됩니다. 정책 입안자들이 너무나 무지하고 게을러서 거대한 사회적 변화에 대비하지 못할 것이 걱정됩니다. 공감 능력이 결핍된 실리콘 밸리의 경영인들에 대해서도 마음이 놓이지 않습니다."

우리도 그런 심정이다.

모바일 앱 마이마이크MyMic의 CEO 디어드리 포터Deirdre Porter는 인간 관계의 단절에 대한 우려를 표시했다. "우리는 이미 각종 기기에 둘러싸여 서로 단절된 세계에서 살아가고 있어요. 가상의 폭력과 실제 폭력 간의 연관성에 대해 주목할 필요가 있어요. 게임 내의 전쟁을 실제 전쟁과 혼동하는 병적인 게이머들이 존재해요. 가상의 전쟁 게임을 하는 청소년들에게서 일종의 외상 후 스트레스 장애가 발생할 수 있지 않을까요?"

포터의 말에 일리가 있다. 실상은 그보다 더 심각할지도 모른다. 혼합현실 화면에서 재미있어 보인다는 이유로 끔찍한 일을 저지르게 될까?

11장 후반부에서 미국 국방부가 미래에 실제 전쟁을 벌이게 된다면 가상현실 게임에서 사람들이 즐기는 장면과 별로 달라 보이지 않을 수 있다는 이야기를 하면서 그 예를 제시하겠다.

실재와 상상의 세계 사이의 경계가 모호해지는 세상에서 상당한 왜곡이 발생할 수 있다. 해커들이 재미로 공항에 가상의 테러리스트 집단을 들여 보낼 수 있을까? 분명 가능하다. 사람들이 해커들의 장난을 경험하면서 가상의 영상에 익숙해진 나머지 실제로 어떤 일이 일어나도 무심하게 지나칠 수 있지 않을까?

환상이 실재를 대체할 때 광기가 발생할 수 있음을 우리는 오랫동안 목격해 왔다. 라디오의 황금기에 연기자 오슨 웰스^Orson Welles^가 소설가 H. G. 웰스의 공상 과학 소설 『우주 전쟁』을 읽어 줬는데, 그 라디오 프로그램을 들으면서 실제로 화성인들이 침공한 줄 알고 뉴저지 주민들이 대피하는 소동이 일어나기도 했다.

강도, 신종 사기, 스팸

가공의 인물은 영화와 소설 같은 스토리텔링 맥락에서는 매력적일 수 있다. 하지만 현실에서 사기꾼을 만나는 경험은 결코 좋지 않다.

물론 제4차 변혁 훨씬 이전부터 나쁜 마음을 가진 사기꾼은 존재했다. 미소를 띠고 인사를 하면서 당신을 '친구'라고 부르는 그들은 결국 당신을 속이는 거짓말쟁이, 사기꾼, 야바위꾼, 해커, 피싱 범죄자, 테러리스트 모집원들이었다.

점잖은 사람들이 모인 곳에는 어디나 그런 이들이 숨어 있었다. 다른 이들과 특별히 달라 보이지 않지만 그들의 정체는 겉모습과는 다르다.

지금까지 그들은 적어도 인간이었다. 그리고 그들의 행적 가운데 노출된 약점을 통해 그들이 사기꾼임을 알아볼 수 있었다. 그런데 사기꾼들이 만약 매력적이고 의로운 아바타의 모습으로 접근해 올 경우 무슨 일이 일어날까?

상상만 해도 끔찍하다.

이것만큼은 분명하다. 해커와 위장꾼들은 신기술로 모여들 것이다. 이는 순진한 사람들로부터 돈을 손쉽게 뜯어낼 수 있는 기회를 제공하기 때문이다. 복면을 쓰고 은행 직원에게 자동 소총을 겨누기보다 가상현실에서 사람을 속이는 편이 훨씬 더 안전하고 쉽게 돈을 챙길 수 있다. 그리고 혹시 적발되더라도 치러야 할 대가는 훨씬 작을 것이다.

실제 세계에서 활동하는 범죄자들을 상대하기에도 바쁜 경찰관들이 과연 다음 10년 동안 온라인상의 불법 행위를 차단하는 전문가가 될 수 있을지 의문이다. 다른 한편 누구나 어떤 모습으로든 나타날 수 있는 가상의 세계에서는 공권력이 인종, 성별, 성적 취향 등으로 사람을 분류하기가 더욱 어려워질 것이다.

당신이 룸메이트 후보를 인터뷰하는 상황에서 상대방 여성의 정체가 사실은 흉기를 소지한 약탈자라면 이는 보통 심각한 문제가 아니다.

불가피하게도 범죄자는 아니지만 나쁜 마음을 가진 사람들이 우리 삶 깊숙이 침투해 끼치는 해악이 더 클 경우가 있다. 그들도 점 잖은 사람들이 모인 곳이라면 어디든 찾아온다. 그들도 미소를 지 으며 마치 친구인양 행세한다.

당신은 이미 그들과 만난 적이 있으며, 그 만남이 썩 즐겁지 만 은 않았다. 그들은 마케터라는 이들이다.

가상 호객꾼

우선 일러둘 말이 있다. 우리의 가장 친한 친구 중에도 마케터가 있 고, 이 직업을 가진 수많은 사람을 우리는 신뢰하고 존중한다. 또 한 우리는 온라인상의 마케팅 광고를 보고 다양한 상품을 구매해 왔다.

이스라엘은 20년간 홍보와 마케팅 임원으로 일했다. 그는 1990 년대 말부터 어떻게 하면 마케터들이 새로운 기술을 활용해 더 경 청하는 자세로 소비자들을 대하고, 무작정 들이대는 태도를 버릴 수 있는지에 대해 글을 쓰고 강연을 해왔다.

그럼에도 불구하고 숫자 놀음을 전략으로 삼는 마케터와 광고업 자와 홍보전문가들이 너무나 많다. 그들은 시끄럽게 떠드는 게 최 고의 영업술이라 믿는다. 그래야 자신이 평가를 받고 보상을 챙길 수 있다고 생각한다.

그들은 응답률 1%에도 미치지 못하는 대량의 스팸 광고로 측정 가능한 수준의 매출과 브랜드 인지도 증가를 보장한다고 떠벌린다. 단 그런 광고를 통해 99%의 사람들을 짜증나게 만들어 브랜드 이 미지를 실추시키는 폐해에 대해서는 나 몰라라 한다는 점이 함정 이다.

어떤 마케터들은 필터 기능을 현명하게 활용해 특정 대상에게만 초점을 맞춘다. 그러나 다른 이들은 지리 정보 기술과 사물인터넷 헤드셋과 소프트웨어를 이용해 범위 내의 모든 사람들에게 무분별하게 광고를 쏟아 부을까 우려된다.

이 장에서 다루는 여러 문제 중 이런 일이 가장 위험한 사안은 아닐 수도 있지만 제4차 변혁 상에서 일상적으로 일어날 일이라 믿는다.

4장에서 우리는 장소와 개인 정보를 바탕으로 다수의 고객과 일 대일 소통을 가능케 하는 효과적인 방법으로써의 정밀조준 마케팅을 언급했다.

그 중 일부는 이미 실현됐다. 향후 10년 동안 기술이 발전하면서 더 보편화되리라 기대한다. 그러나 온라인상에는 끈질긴 호객꾼들이 득실거린다. 이들처럼 '말쑥하게 차려 입은 장사꾼'들은 소비자들에게 광고, 제안, 알림, 지시, 경고 등을 뿌려대고 쉽게 끌 수도 없는 자동 재생동영상을 들이민다.

이 새로운 시대에 여러분의 멋진 경험에 방해가 되는 것들을 걸러낼 수 있는 도구들이 제공되기를 바란다. 하지만 아직까지 그런 필터나 도구는 없는 듯하다. 이 추한 양상으로부터 쉽게 벗어나지는 못할 것이다.

크리티컬 디자인 스튜디오Critical Design Studio의 창업자 마쓰다 케이치Keitchi Matsuda는 혼합현실 세계가 역겹도록 추해질 가능성을 그린 영상 시리즈를 만들었다. 그 세계에서는 생각할 수 있는 모든 공간에 광고 문구가 덕지덕지 붙어 있고 상품 진열대와 거리의 쇼윈도를 지나갈 때마다 상품 안내와 판촉 홍보가 쏟아진다.

어드밴스드 이미징 소사이어티Advanced Imaging Society는 스테레오 3D 콘텐츠의 발전을 도모하기 위해 디즈니, 워너브라더스, 드림웍스,

소니 등의 여러 회사가 2009년에 설립한 협회다. 어드밴스드 이미징 소사이어티의 한 부문인 가상현실 소사이어티에서 편집장을 맡고 있는 아이리나 크로닌Irena Cronin은 나와 페이스북 친구를 맺고 있는데 그녀는 잘못될 수 있는 가능성에 대한 우려를 공유했다.

특정 위치에서 일정 거리에 있는 모든 사람에게 상품 제안과 안내를 제공해야 한다고 믿는 마케터들의 신념은 '고객 우둔화 경향'을 가져온다고 크로닌은 우려했다. 마쓰다의 영상은 그녀가 말하는 그 추한 모습을 생생하게 그려냈다.

한 영상에서 혼합현실 헤드셋을 쓴 주인공이 집에서 차를 우려내고 있다. 이때 화면에 알림창이 뜨면서 물 끓이는 방법, 컵에 물을 붓고 티백을 넣는 방법 등을 단계별로 가르쳐 준다. 뜨거운 물이 손에 튀면 화상을 입을 수 있다는 진지한 경고의 목소리도 빼놓지 않는다.

마쓰다의 영상은 스마트 글라스를 착용한 삶이란 새해를 맞이하는 타임스 스퀘어의 한 가운데 영원히 서있는 듯한 느낌일 것이라는 불편한 미래를 그려낸다. 한 가지 차이가 있다면 축하할 일이 없다는 사실뿐.

여기에는 단순한 간섭 이상의 문제가 도사리고 있다. 우리 페이스북 팔로워 중 한 명인 롭 톰슨Rob Thompson은 이런 질문을 던졌다. "만약 어떤 광고가 우리 심장 박동을 빠르게 한다는 사실을 마케터들이 알게 되면 어떤 일이 일어날까요?"

여러분이 가진 우려를 가라앉힐 만한 대답이 우리에게는 없다. 역사적으로 말쑥하게 차려 입은 장사꾼과 온라인 사용자 사이에는 냉전이 존재했다. 장사꾼들은 어떻게든 당신을 찾아내고, 기술은 그들을 막아낸다. 가상현실은 그 싸움이 벌어질 또 하나의 격전지다.

기술 속의 위험

마케터는 내버려 두더라도 우리는 기계 지능과 이를 프로그램하는 이들이 가진 과잉 기대 속에서 기술이 내포한 위험을 본다.

맥나미는 우리에게 이렇게 말했다. "내가 우려하는 바는 인생 경험이 얼마 되지도 않고 세상 물정도 모르는 사람들에 의해 인공지능이 프로그램된다는 점입니다." 예를 들어 사람들은 교통 신호를 종종 위반하기도 하는 반면 자율주행 자동차는 아마도 칼같이 지킬 텐데, 그럴 경우 사람이 운전하는 차가 바로 뒤에서 따라오다가 자율주행 자동차를 들이받을 수도 있다. 인간은 법규를 곧이곧대로 지키기보다 어느 정도의 융통성을 기대하니까 말이다.

그의 말에 일리가 있다. 현재 인공지능은 융통성보다는 공감 능력이 앞서는 듯하다. 2016년 9월 누군가가 페이스북에 벌거벗은 아이의 사진을 올렸다. 어떤 인간보다도 빠르게 페이스북의 검열 기능은 프로그램된 대로 해당 사진을 신속하게 제거했다.

단 이 경우에 있어 그 사진은 퓰리처 상을 받은 작품이었다. 1972년에 촬영된 이 사진은 베트남 전쟁의 참상을 보여주는 대표적인 사진이다. 네이팜 탄을 맞아 불타는 마을을 피해 달아나는 아이들의 모습이 담겨 있는데 그 중 한 여자 아이는 벌거벗은 채 공포에 질린 얼굴을 하고 있었다.

이틀 후 페이스북은 시스템의 결정을 번복하고 사과문을 발표했다. 이것이 인간의 융통성을 보여주는 한 예다.

크로닌은 이렇게 평했다. "머신 러닝이 더 세분화된 결과를 전달할 수 있기 전까지는 대략적인 분류를 통한, 지나치게 단순화된 사물의 이해에 머무를 가능성이 매우 높습니다. 또한 현재의 머신 러닝 오류 확률은 혼란을 야기할 수 있습니다."

사물인터넷의 해킹

맬웨어^{malware}라고도 부르는 해킹 소프트웨어가 사물인터넷에 연결된 어떤 물건에도 침투할 수 있다는 사실에 우리는 두려움을 느낀다.

십대 청소년들이 이웃집 전등을 깜박거리게 만든다든지, 4천 달러짜리 스마트 변기인 마이 사티스^{My Satis}를 해킹해 앉은 사람에게 지직거리는 소리와 함께 물을 뿌리는 장난을 한 사례가 있었다.

사물인터넷 맬웨어 제작자들은 2015년에 랜섬웨어^{ransomware}라는 악성코드를 내놓았다. 처음에는 개인용 컴퓨터의 데이터를 장악한 후 2백 달러 정도를 내면 풀어주겠다고 했다.

2016년에 이르러 랜섬웨어는 더 사악해졌다. 보험회사가 2백억 달러 정도의 몸값을 내놓을 때까지 기밀 의료 기록을 볼모로 잡았다.

더 심각한 공포는 악의적인 해커들이 의료계의 취약성을 뚫고 들어와 추적 불가능한 계좌로 전자 송금이 이뤄질 때까지 의료 장비를 마비시킬 수 있다는 가능성이다. 돈이 지불될 때까지 인슐린 펌프를 정지시키거나 수술 중에 있는 수술 로봇을 정지시킬 수도 있다.

여기서 끝나지 않는다. 제4차 변혁의 척추 역할을 하는 사물인터넷은 완벽한 보안을 갖추고 있지 않다. 모든 PC와 스마트폰 사용자가 익히 아는 대로 주로 소프트웨어 패치를 이용해 이런 해킹 시도를 막아 왔다.

주변에 통신 시설이 없다면 어떻게 사물인터넷 라디오를 업데이트할 수 있을까? 그건 불가능하다.

의료기기와 마찬가지로 변기나 스마트 글라스도 표적이 된다. 점차 악당들을 막아내기가 더 어려워지고 비용과 시간이 더 들지도 모르겠다.

결국 우리는 사이버 테러 위협의 현실과 직면하게 된다. 러시아 정부가 사이버 해킹을 통해 2016년 미국 대통령 선거를 조작하려 했다는 증거가 나오고 있다.

많은 항공기가 이착륙하는 피크타임에 사이버 테러리스트가 항공 관제탑을 해킹한다면? 대형 병원 내에 연결된 생명유지 장치를 마비시키거나 추운 겨울 밤 도시 전체에 정전을 일으킨다면?

이 사회는 조만간 우유 구입 같은 사소한 일에까지 혼합현실에 의존하게 될 텐데 얼마나 더 많은 위협이 대두될 것인가? 그 누구도 알 수 없지만 헤드셋이 공격 대상이 되리라 충분히 예상할 수 있다. 왜냐하면 이 기기는 사람들의 두뇌에 연결되기 때문이다.

두뇌 조작에 대한 예측

앞서 마인드메이즈와 관련해서 언급했듯이 두뇌 조작brain hack은 간단한 속임수를 이용해 기억력, 사고 능력, 정신적 유연성, 생산성, 활력과 기분 등을 향상시킨다. 다른 접근으로 두개골에 통제된 전기 자극을 주거나 전자 칩을 이식해 손상되거나 노화된 뇌 부위를 자극 또는 우회하는 치료법이 계획되고 있다. 어느 쪽이든 정신의 역량을 높이는 것을 목적으로 한다.

우리가 언급한 가상현실, 증강현실, 그리고 혼합현실은 두뇌 조작을 통해 존재하지 않는 사물이나 인물이 거기 있는 것처럼 뇌가 느끼도록 만드는 응용기술이다.

이 자체로 문제될 부분은 없다. 다만 두뇌 조작이 다른 방식으로 이뤄질 가능성도 생각해 볼 수 있다. 혹시 어떤 사람의 기억을 타인의 기억과 대체할 경우, 죄를 짓지 않은 사람이 자신이 범죄를 저질렀다고 기억하면서 자백하게 된다면? 가상의 교사가 통증을 이용해 학습을 촉진시킬 수 있다면? 비만 방지를 위해 포켓몬 고를 이용하는 정부가 당신의 행적을 추적한다면? 가상현실이 통증이나 쾌감을 자극하는 용도로 쓰인다면? 이런 기술이 범죄자를 양성하거나 범죄 성향을 치료하는 데에 쓰일 수 있다면?

우리가 좋아하는 미래 영화인 스탠리 큐브릭 감독의 「시계 태엽 오렌지A Clockwork Orange」에서는 폭력 중독자이자 유죄 판결을 받은 살인자가 주인공으로 나온다. 그를 치료하기 위해 과학자들은 그에게 약물을 주입해 폭력적인 영상을 강제로 보게 하는 동안 극심한 구토 증상을 경험하게 만든다.

이것은 가상의 이야기지만 두뇌 조작이 이런 식으로 활용된다면 어떻게 될까? 환자에게 예기치 못한 부작용이 있을 수 있다면? 세계의 가장 잔혹한 범죄자들이 두뇌 조작 치료를 받고 풀려날 수도 있을까?

그 반대의 경우는 어떨까? 정부의 지휘에 따라 은밀하게 활동하는 과학자들이 요원들의 기억을 지우고 무자비한 살인 기계로 변신시킨다면? 소설 속 주인공인 제이슨 본이 존재하게 될까?

앞서 설명했듯이 가능한 일은 결국 일어나게 돼 있다. 러시아, 중국, 미국, 또는 북한의 정부나 범죄 조직에서 지금 이 순간 그런 일이 자행되는지도 모른다.

이미 눈치챘는지 모르지만 셸 이스라엘은 과학공상 소설광으로 자랐다. 과거의 소설에 등장한 예측이 오늘날 현실화되거나 그 가능성이 높아지는 모습을 보며 그는 놀랄 수 밖에 없다. 이런 소설 중 일부는 해피 엔딩으로 끝나지만 그 외의 작품들은 인류의 멸망으로 결말을 맺는다.

오늘날의 과학자들은 과거의 소설가들을 능가하고 있다. 잘못될 가능성을 타진하면서 우리는 해답보다 더 많은 질문을 던질 수 밖에 없음을 아쉬워한다.

전쟁터의 로봇

무기를 들고 치열한 전투에서 적군과 싸우는 보병 또한 신기술 때문에 사라지는 여러 직업 중 하나일 수 있다. 미국 국방부에서 과학자들은 군인과 조종사 대신 로봇과 드론을 활용하는 방안을 연구 중이다.

자율운전 드론은 인간의 개입 없이 누구를 어디서 죽일지를 스스로 결정하도록 프로그램될 수 있다. 실제로 그런 일이 일어났는지 여부는 공개되지 않았지만 가능하긴 하다고 미국 국방부가 이미 밝힌 바 있다.

이 문제는 얼마 동안 공적 논란의 대상이 되었다. 비교적 덜 알려진 또 다른 국방부 프로젝트는 보병 대대 전체를 로봇으로 구성하는 것을 목표로 한다.

미국 국방부 차관 로버트 워크Robert Work가 2015년에 공개한 내용에 따르면 국방부의 전략가들은 미래의 전투에서 로봇과 자율운전 기계에 깊이 의존하는 전투 계획을 세우고 있다고 한다.

전쟁에서 한 편은 로봇을 이용하고, 다른 편은 인간을 이용하는 모습은 제4차 변혁이 가져오는 집단폭력의 새로운 형태다. 대부분의 사람들은 기계보다는 인간 편을 들지 않을까 싶다.

또 다른 이슈도 존재한다. 어느 한 편이 기술을 통해 경쟁력을 확보하려고 하면 다른 편도 이에 맞서는 기술을 개발한다는 것이 역사의 교훈이다. 중세의 기사들이 창을 이용하자 다른 편은 방패를 갖췄다. 독일이 전쟁용 독가스를 개발하자 연합군은 방독 마스크를 개발했다. 핵무기를 개발한 국가들이 다른 국가들의 핵무기 개발을 금지시키자 북한과 이란은 대놓고 해당 규제를 무시했다.

만약 미국이 전쟁 로봇을 개발한다면 다른 국가들도 그렇게 할 수 있다. 그럴 경우 미래의 전쟁터에서 로봇과 로봇이 싸우는 모습을 상상하게 된다. 다행스러운 점은 사람은 아무도 죽지 않는다는 사실이다. 기계는 고철이 될 뿐이다.

그러나 과연 누가 승자가 될까? 그런 전투에서 이긴다는 것은 모탈 컴뱃Mortal Kombat VR 게임에서 이기는 경우와 무엇이 다른가? 실제 전쟁은 인명의 사상으로 결정이 났다. 한 쪽의 기계가 다른 편의 기계를 못 쓰게 만드는 차원과는 전혀 다른 이야기다.

그 다음에는 무슨 일이 일어날까?

패배한 로봇 편의 사람들은 자국에 대한 침공을 인정하고 순순히 항복할까? 그러면 승리한 편의 로봇군이 그 지역을 통치하게 될까?

더 무서운 상상은 개인이 살인 기계를 소유하게 된다는 개념이다. 사라 토폴Sarah Topol의 글 『킬러 로봇의 공격Attack of the Killer Robots』에서 버클리대 컴퓨터공학 교수 스튜어트 러셀Stuart Russell은 향후 3년 이내에 몇몇 불순한 회사가 개인용 살인 드론을 만들어 판매할 수 있음을 언급했다.

개조된 자아

최종적으로 잘못될 가능성 중에서 가장 걱정스러운 부분은 인공지능 기기가 생물 종으로서의 인간, 또한 문화적 존재로서의 인간을 바꿔놓을 수 있다는 가능성이다.

구글의 연구 개발 총괄자인 피터 노빅Peter Norvig 박사는 이미 그런 일이 일어난 이야기를 우리에게 해줬다. 구글에서 자율주행 자동차를 직원들에게 제공했을 때 기계가 운전 중인 상황에서 시선을 도로에 두지 않고 딴청을 피운다면 해고될 수도 있다는 경고를 했다. 며칠이 지나지 않아 문자 그대로 모든 직원이 해당 경고를 무시했다. 왜냐하면 기술이 워낙 뛰어났기 때문이다. 자동차가 완벽하게 운전하는 상황을 지켜보기란 엄청 따분한 일이어서 스마트폰에 손을 뻗을 수 밖에 없다.

이런 기술이 두뇌 조작을 통하든 그렇지 않든 간에 인간의 두뇌에 어떤 장기적 영향을 줄지 알지 못한다. 그리고 그런 영향으로 인해 인간이 현실을 인지하는 방식이 어떻게 달라질지 모른다.

과연 인간은 고통을 걸러내고, 이를 오락과 미적 만족을 주는 이미지로 대체시켜 인간이 겪는 모든 불쾌한 요소를 제거하게 될지 우리는 알 수 없다. 이것이 인간의 동정심에 어떤 영향을 줄지 모르며, 가상현실 때문에 무감각해져서 주변의 고통 받는 이들에 대해 무관심하게 될지도 알 수 없다.

보이드가 주는 흥분 때문에 심장 마비에 걸리는 경우가 생길지도 모른다. 그리고 알트스페이스VR에서 몇 시간씩 보내는 이들처럼 소셜 가상현실에 참여하는 사람들이 현실 속의 사람들과 더 나은 관계를 맺게 될지, 아니면 더 큰 어려움을 겪게 될지 알 수 없다. 앨빈 토플러의 저서 『미래 쇼크Future Shock』(이규행 옮김, 한국경제신문사, 1989년)에서 경고한 바와 같이 기술이 사람들의 고립을 초래할지 알 수 없다.

윤리에는 어떤 일이 일어날까? 이런 변화 속에서 문학은 살아남을 수 있을까? 오랜 인내를 거쳐 프레스코 벽화와 캔버스지 위에 물감과 붓으로 그려진 미술 작품들이 보존될 수 있을까? 원래 연주되거나 불리는 형태 그대로 음악을 즐길 수 있을지, 또는 셰익스피어의 작품을 원래의 언어와 5막 구성 그대로 음미할 수 있을지 알 수 없다.

우리는 그런 예술의 형태가 부디 살아남기를 바란다.

여기서 우리가 상상한 모든 끔찍한 일들이 실제로 일어날 가능성은 그다지 높지 않다고 본다. 그러나 그 중 일부분은 일어날 수 있다. 그만큼은 확실하다.

모든 위대한 진보에는 상당한 부작용이 수반됐다. 그리고 그 부작용 대부분은 기술에 의해 생겨났다. 자동차는 세상을 바꾼 한편 지구 온난화에도 영향을 끼쳤고, 지구 온난화는 인류의 생존 자체를 위협한다. 교통 사고로 전 세계적으로 매해 수만 명이 목숨을 잃는다. 인터넷은 전 세계의 사람들을 서로 연결했지만 테러리스트들은 미래의 살인자들을 모집하기 위해 인터넷을 활용한다.

그렇다면 왜 우리는 진보를 계속해야 하는가? 그것은 인간 본연의 속성이기 때문이다. 우리는 지구 상에 존재하는 생물 중 유일하게 발전해야 하는 존재다. 그것이 인간의 본능이다. T.S. 엘리엇[T.S. Eliot]의 말대로, 인간은 꿈을 꾸고 그 꿈을 이루기 위해 대가를 지불할 용의를 가진 존재다.

그런 부작용은 빼고서라도 제4차 변혁은 인간이 이미 경험한 것보다 훨씬 더 나은 경험들을 다양한 방식으로 제공하게 된다. 조만간 대부분의 사람들이 경험하게 될 커다란 긍정적인 변화를 살펴보자.

공간 컴퓨팅

> "상상력은 종종 우리를 과거에는 없었던 세계로 인도할 수도 있다.
> 그러나 상상력 없이 갈 수 있는 곳은 아무 데도 없다."
>
> **– 칼 세이건(Carl Sagan), 천문학자**

이 책 맨 처음에 '태초에'라는 표현을 썼는데 결론에서 다시 그 이야기를 하려 한다.

책 서두에서 메인프레임에서 데스크톱에 이르는 컴퓨터의 60년 역사를 되돌아보았다. 이 시기에 지식 근로자들은 텍스트를 입력해 디지털 기기와 소통했다. 이어지는 제2차 변혁에서는 텍스트에서 포인트와 클릭으로 이뤄지는 인터페이스로의 변화가 일어났고, 이 덕분에 모든 사람이 컴퓨터를 사용할 수 있게 됐다.

이 책을 마친 현재 우리는 모바일 시대에 머물러 있다. 스마트폰은 우리 생활의 중심으로 자리잡았으며, 대부분의 사람들은 현재의 모바일 기술에 만족한다.

그러나 이 책에서 설명하려고 노력했듯이 새로운 변화의 씨앗은 이미 심어졌고 스마트폰에서 사용될 수 있는 기술로 싹을 틔우고 있다. 이런 기술은 이미 실현됐지만 조만간 보편화될 휴대용 헤드셋에서는 이보다 훨씬 뛰어난 경험을 제공하리라 본다.

이 책은 이 거대한 이동에 대해, 그리고 일상 생활과 업무를 변화시킬 기기에 대해 이야기했다.

존재 방식을 전혀 다른 모습으로 바꿔 놓는 것이 변혁이다. 현재 진행 중인 제4차 변혁에서는 기존의 모바일 시대에서 온 세계가 인터페이스가 되는 공간 컴퓨팅의 시대로 옮겨가게 된다.

그것은 무엇을 의미하는가, 그리고 왜 대부분의 사람들이 2025년에는 휴대폰 대신 혼합현실 헤드셋을 사용하게 될까? 비즈니스 전략가들은 왜 지금 그 사실에 주목해야 하는가? 공간 컴퓨팅이 완전히 실현되려면 10년이나 남았는데 말이다.

그것은 지금이야말로 명철하고 민첩한 비즈니스 전략가들이 행동을 취해야 하는 시점이기 때문이다. 2025년이 모든 사람들이 스마트폰보다 혼합현실 헤드셋을 더 많이 사용하게 되는 분수령이 될 수는 있지만 얼리어답터들은 지금부터 불과 2~3년 후에는 그런 헤드셋을 쓰고 다닐지도 모를 일이다.

그들은 단순한 얼리어답터가 아니다. 그들은 당신 회사의 마케팅과 홍보 담당자들을 능가하는 강력한 영향력으로 밀레니엄 세대와 마인크래프트 세대를 좌지우지할 수 있는 시장 창조자들이다. 그들은 젊은이들이 어디서 물건을 사고, 어떤 식사를 하고, 무엇을 보며, 어디로 여행할지를 결정한다. 이들의 추천과 비추천에 따라 젊은이들의 행동이 나눠진다.

유비쿼터스 쇼핑을 다룬 7장에서 세포라의 브리짓 돌란이 우리에게 말했듯이 현명한 브랜드는 그들의 고객보다 살짝 앞서 나가려는 노력을 지속해야 한다. 그러지 못하면 잊혀지고 만다. 하지만 세상은 너무나 빨리 변한다. 기술에 능통한 일부 고객들은 브랜드보다 훨씬 앞서갈 수도 있다.

용어 정의와 역사

이 책에서 우리는 공간 컴퓨팅이 제4차 변혁의 궁극적 행선지임을 계속 언급했다. 그 의미는 무엇인가? 이전에 일어난 세 차례의 변혁은 하드웨어의 발전과 함께 일어났다. 그 과정에서 디지털 기기의 사용 방식이 확장됐고 원하는 바를 더욱 손쉽게 얻을 수 있게 됐다.

또한 우리는 인터페이스 변화의 관점에서 이 변혁의 흐름을 바라봤다. 펀치 카드에서 텍스트로, 다시 포인트와 클릭을 지나 휴대폰과 터치로, 그리고 눈짓이나 간단한 손짓만으로 원하는 곳에 우리를 데려다 주는 혼합현실 글라스로 그 흐름이 이어졌다.

이제 우리는 어디든 갈 수 있게 된다. 이 새로운 시대에는 화면의 장벽이 사라지며 인간과 기술이 함께 결합된다. 한마디로 연결된 세상 전체가 새 시대의 인터페이스다.

75년 전, 과거의 과학공상 소설의 대가들이 그려낸 환상의 세계는 시간이 흘러 현실이 된다. 타자로 친 종이서류를 우편으로 교환하던 메인프레임 시대의 컴퓨터 과학자들로부터 새로운 시대의 서막이 시작됐다.

그들이 꿈꾸던 상상이 이제 우리 머리 위에 쓰는 기술로 현실화되었다. 기술과 실재가 혼합되고, 상호작용 설계를 통해 디지털 매체가 마치 물리적으로 존재하는 세상처럼 느껴진다. 형태와 위치로 규정되는 물리적 제약을 뛰어넘는다.

이 책의 원고를 쓰기 시작했을 때만 해도 그런 기기는 머나먼 미래의, 흐릿한 안개 속 어딘가에 감춰져 있을 성배처럼 느껴졌었다. 그러나 지금 그것은 우리가 상상한 바 이상으로 훨씬 가까이에 와 있다.

넉넉한 자금을 가진 수많은 회사가 이 목표에 초점을 맞추고 인재를 투입하며, 열정을 갖고 서로 경쟁하듯 선두를 다투기 때문이다. 이들 회사는 대부분의 사람들이 가능하다고 생각한 수준 이상으로 빠르게 혁신하고 있고, 밀레니엄 세대와 마인크래프트 세대는 숨막히는 속도로 이를 받아들이고 있다.

제4차 변혁의 해가 떠오르기 시작하는 이 여명의 순간으로부터 어떻게 하면 공간 컴퓨팅의 시대의 찬란한 햇빛 속으로 나아갈 수 있을까?

세 단계의 도입 과정

2016년 이후 10년 동안 우리는 지나온 50년간의 변화보다 더 커다란 디지털 변화를 목격하게 된다. 지금은 기나긴 진화 과정의 시작에 불과하다. 그러나 2025년에 이르면 우리가 이야기한 놀라운 기술은 일상의 중심을 차지할 전망이다. 인간들은 똑바로 서서 걸으며 스마트 글라스는 그들의 디지털 라이프의 중심을 이루게 된다.

이 변화는 세 단계에 걸쳐 일어나리라 본다.

1. **가상현실**: 이 단계는 이미 시작돼 첫 해에 1천만 명의 수용자를 확보했다고 본다. 그 끝은 보이지 않는다. 수많은 가상현실 앱들이 게임과 엔터테인먼트에서 출발해 교육과 의료시장으로 파급되면서 거침없는 성장을 계속해 나간다.

   가상현실에 먼저 투자한 회사들은 조만간 다가올 혼합현실 세계에서 가장 유리한 위치를 차지할 전망이다.

2. **혼합현실**: 이미 이야기했듯이 혼합현실은 가상현실보다 훨씬 큰 가능성을 가진다. 이미 출시된 헤드셋은 뜨거운 관심을 일으켰지만 사람들의 일상의 일부가 되려면 더 많은 개선이 필요하다.

이 글을 쓰던 시점에 매직리프와 애플은 거대한 프로젝트를 비밀리에 진행했다. 늦어도 2018년 이전에는 구체적인 제품 출시가 예상된다. 그들의 참여와 홀로렌즈와 메타의 한층 발전된 제품이 어우러지면 두 번째 단계의 발전이 2018년에 시작해 2020년 정도까지 이어질 것이다. 이런 전망을 내놓는 사람은 우리만이 아니다. 애플의 CEO 팀 쿡도 혼합현실이 가상현실보다 훨씬 더 중요하다고 언급한 바 있다.

3. **스마트 글라스**: 이것은 모든 기능이 내장된, 소형화되고 세련되게 다듬어진 형태의 혼합현실 글라스다. 2020년, 또는 2021년에 업계의 경쟁과 무어의 법칙에 의해 사용성과 인터페이스의 문제가 해결되고 소비자 가격이 떨어질 것이다. 2021년 말경에는 모든 소비자 기술 제품 분야에서 스마트 글라스가 최고의 인기를 끌고, 이어 스마트폰의 매출과 사용자 수를 앞지르게 되리라 전망한다.

제4차 변혁은 2025년에 이르러 완성되리라 예상한다. 전 세계 수십억 인구는 디지털화된 생활의 중심에서 스마트 글라스를 사용하게 되며, 점차 사람들은 스마트폰을 집에 놓고 나오거나 잊어버려도 신경 쓰지 않을 것이다.

우리는 새로운 세상에 살 수 있게 되며, 디지털 기기와 사람의 관계는 스마트폰 시대보다 훨씬 더 가까워지게 된다.

모든 것. 세상의 모든 것.

사실상 모든 것, 세상의 모든 것이 달라지게 되며 그 변화는 압도적이다. 심각한 부작용의 가능성에도 불구하고 세상은 전반적으로 더 나아지고 있다. 공간 컴퓨팅은 사람들을 새로운 곳으로 데려다 준다. 심해 밑바닥, 우주, 외국에 사는 온라인 친구들의 안방, 과거에 있었던 전쟁의 한복판, 그리고 자신의 살아있는 심장 안으로의 탐험이 가능해진다.

공간 컴퓨팅은 당신의 일상의 경험을 바꿔놓는다. 집의 실내 인테리어를 날마다 새로운 모습으로 바꿀 수도 있고, 원한다면 밝은 햇살이 내리쬐는 가상의 창문에 저녁이 되면 달빛이 비치게 만들 수도 있다.

더 매력적으로 만들기 위해 이따금씩 외계인이 그 창문을 열고 들어오게 해서 함께 어울릴 수도 있다. 가족 중 누군가가 눈짓, 손짓, 또는 명령어로 그 외계인을 사라지게 만들기 전까지는.

잔디밭에는 가상의 코끼리나 기린이 돌아다니고 아이들은 그 동물들과 술래잡기를 하고 놀 수도 있다.

당신의 일, 교통 수단, 건강, 통신, 그 밖의 모든 작업은 오늘 우리가 사용하는 최고의 휴대폰으로 할 수 있는 것보다 훨씬 더 멋진 방식으로 경험될 수 있다. 이 책에서 이야기한 내용은 앞으로 10년 동안 실제로 일어날 놀라운 일들의 예고편에 불과하다.

개인화된 전망

다시 한 번 우리는 페이스북 친구들과 팔로워들에게 제4차 변혁의 시기에 삶이 어떻게 변하리라 생각하는지 물었다. 이에 대해 사려 깊은 답변들이 쏟아져 들어왔다.

그 중 특별히 마음에 든 답변들을 소개한다.

- 크리스티 한센 온카Kristi Hansen Onkka는 생체 인식 센서가 내장

된 자율주행 자동차에 대한 전망을 이야기했다. 응급 상황이 감지되면 자율주행 응급차량으로 변신해 응급실로 직행한다. 그 사이에 활력 징후와 알러지 주의사항을 포함한 건강 데이터를 송신한다. 경로 상의 자동차에게도 경고 신호를 보내 자동적으로 길을 양보하게 만든다.

우리는 로봇이 운전하는 시스템이 충돌을 방지해 인명을 구하는 이야기를 했다. 온카는 자율주행 차량이 인명을 구하는 완전히 새로운 차원의 세계를 꿈꾼다.

- 오래 전부터 친구로 지낸 프랜신 하더웨이Francine Hardaway는 노화 과정의 혁신을 주제로 한 블로그 '노화의 발견Aging Revealed'을 운영한다.

그녀는 나이가 들어가면서 그녀의 활력 징후와 약물 투여량 등을 측정해 가상의 의사 역할을 하는 온라인 봇에게 지속적으로 해당 데이터를 전달하는 체내 이식 장치를 상상한다. 나노기술은 그녀의 신체 내부의 사진이나 동영상을 송신하면서 혈전, 종양, 정형외과적인 문제 등을 초기에 발견할 수 있게 한다.

언젠가 피할 수 없는 순간이 오면 그녀의 혼합현실 글라스는 자동적으로 우버 차량을 불러내어 그녀가 원하는 호스피스 병원으로 그녀를 태우고 간다. 그녀는 그곳에서 존엄사를 통해 세상과 작별할 생각이다.

- 다른 한편 영국인 친구 비브 크라스케Viv Craske는 인터넷에 접속한다는 사실이 얼마나 가슴 설레는 일이었는지를 아들에게 설명해야 하는 날이 올지도 모르겠다고 생각한다. 그런데 항상 인터넷에 접속된 상태에 있을 아들이 그게 무슨 뜻인지 이

해할 수 있을까? 사람들이 한 때는 직접 차를 운전했었고 그것을 종종 즐겼던 이유를 설명해 줘야 하는 날이 올 것이다.

언젠가는 헤드셋 없이 사는 생활이 어떤 느낌이었는지, 마우스로 뭔가를 가리키고 클릭하는 일이 어떤 행동이었는지를 설명해야 할 날이 올 것이다. 한때 마우스라는 도구가 존재했었는데 이것은 사람들이 기피하는 동물이 아니라 컴퓨터와 상호작용하기 위해서 필요한 물건이었다는 이야기를 해야 하는 날을 상상해 본다.

• 우리가 네임칩닷컴^{namecheap.com}의 소셜미디어 매니저인 웨슬리 포크너^{Wesley Faulkner}와 이야기를 나눴을 때 그는 텍사스 주 오스틴의 시의회 선거 출마 중이었다.

그는 지구 반대편에 있는 이들과 회의를 하는데 상대편의 언어를 읽거나 쓸 줄 모르지만 그의 헤드셋이 들리는 모든 말을 영어로 통역해 주고, 그가 말을 하면 상대방은 실시간으로 자신의 모국어로 그 내용을 알아듣는 모습을 상상했다.

우리는 이 친구들의 희망사항이 그대로 이뤄지리라 확신한다. 포크너의 생각이 거의 확실하다고 생각하는 이유는 우리는 그가 설명한 내용과 매우 유사한 일을 이미 경험했기 때문이다.

2016년에 스코블이 상하이 디즈니랜드를 방문했을 때의 일이다. 그는 영어로 이야기했지만 디즈니랜드에 근무하는 직원들은 헤드셋을 통해 구글 번역기가 통역해주는 중국어로 그의 말을 알아들었다.

그런 기술이 제거할 장벽들을 생각해 보라. 우리는 코드로, 또 새로운 비주얼 웹을 통해 소통하게 된다. 뿐만 아니라 세계 196개국의 언어조차 공간 컴퓨팅 시대에서는 장벽이 되지 못한다.

많은 장벽이 허물어지면서 사회의 모난 구석들이 더욱 부드러워지게 된다.

신들과 영혼

이 책에서 우리는 기술과 사람이 만나는 접점에 집중했다. 이것은 우리의 이야기를 전달하고, 또한 비즈니스 전략가들이 이런 상황을 이해할 뿐 아니라 진로를 조정해야 한다는 필요성을 전달하기 위한 최선의 선택이었다.

혼합현실이 공간 컴퓨팅의 전부는 아니다.

사물인터넷은 공간 컴퓨팅의 신경망에 해당한다. 사물인터넷이 맹렬한 속도로 확장되면서 거의 모든 사람, 거의 모든 물건과 연결된다. 각 사람은 이 세상에 존재한 가장 견고한 생태계의 일부분이 되어가고 있다.

사물인터넷의 핵심 요소는 저가의 작은 센서들이다. 그 센서는 변화를 감지하고 이를 전달할 수 있을 만큼의 아주 작은 역할을 감당한다.

센서가 내장된 전 세계의 사물과 사람을 연결하면 이전에 존재한 그 무엇보다도 거대한 지적 역량을 가진 글로벌 생태계가 만들어진다. 우리 각 사람은 우리보다 훨씬 더 크고, 현재 최고의 인공지능 컴퓨터인 왓슨보다 훨씬 더 뛰어난 그 무엇의 일부분이 된다.

그것을 통해 무엇이 가능해질까? 당신이 파티를 좋아하는 사람이라면, 당신의 글라스는 우버를 타고 10분 이내 거리에 있는 나이트클럽 중 가장 많은 사람들로 북적거리는 장소를 알려준다. 일본 요리를 좋아한다면 가장 신선한 참치회가 있는 식당이 어딘지 알려주고, 가장 가까운 화장실로 가는 지름길도 알려줄 수 있다.

만약 사물인터넷이 제4차 변혁 기술의 신경계라면 인공 지능은 그의 영혼이다.

인공지능은 하드웨어와 소프트웨어 플랫폼이 마치 그들이 인간인 것처럼 작동하게 한다. 당신의 애완동물 사진을 보고 그것을 알아보거나, 시리^{Siri}와 이야기할 때처럼 자연 언어를 알아듣거나, 살인 무기 드론처럼 스스로 의사결정을 내리는 경우 등이 포함된다.

디지털 기기가 당신의 행동 패턴을 너무나 잘 인식해서 당신이 다음에 무엇을 원하는지 예측할 수 있게 되는 상황은 인공지능의 덕택이다.

최근 등장한 일부 머신 러닝 시스템은 공감 능력을 가진 것으로 보인다. 당신과 대화를 나눈 지원 봇이 당신의 문제가 해결됐는지에 그토록 관심을 보이는 이유가 바로 그 때문이다.

이런 경향을 고려해 볼 때, 존 마코프의 책 제목처럼 인공지능은 '인자한 기계들'을 만들어낸다.

스코블은 우리가 새로운 신을 만들어 낸다고 말한다. 대부분의 사람들은 이 시스템을 실제로 지능을 가진 전지전능한 존재로 착각할 수 있다고 그는 말한다. 이스라엘은 이에 대해서는 불가지론적인 태도를 취하면서 과연 미래에도 융통성이라는 개념이 제대로 작동할지를 염려한다. 과연 자율주행 자동차는 신호등이 고장 나서 계속 빨간불이 켜진 경우 알아서 출발할 수 있을까? 페이스북은 이미 세상을 떠난 친구들의 생일을 알려주는 작업을 중단하게 될까?

우리가 '공포 요인^{freaky factor}'이라 부르는 용어의 중심에 인공지능이 있다. 이것은 당신 스스로도 모르는 내용이나 남에게 감추고 싶은 내용을 기계가 알아차렸다는 사실을 느낄 때 드는 오싹한 느낌이다. 11장에서 이야기했듯이 이건 그냥 당황스러운 정도가 아니다. 다만 이런 일이 일어나면 어쩔 줄 모르겠지만 기계가 당신에 대해 더 잘 알수록 당신에게 더 많은 도움을 줄 수 있음을 기억하기 바란다.

모든 인공지능 기계는 적어도 우리가 아는 범위에서 주인인 인간의 요구를 따르도록 설계됐다. 비즈니스의 성공을 위해서도 이렇게 되는 설정이 바람직하다.

공상과학 소설의 대가 아이작 아시모프^{Isaac Asimov}는 이에 대한 황금률을 만들었다. 그가 만든 로봇 공학의 제1원칙은 이렇다. "로봇은 인간에게 해를 입혀서는 안 된다. 그리고 위험에 처한 인간을 모른 척해서도 안 된다." 로봇과 지능형 기계는 사람들을 섬기고 보호하도록 설계되었다. 예외가 있다면 앞 장에서 말했듯이 가끔 인간의 일자리를 빼앗아 버리는 경우다.

인공지능은 최근 몇 년간 급속하게 발전했다. 이런 빠른 변화 때문에 사람들이 두려움을 가진다. 그러나 우리는 대부분의 사람들이 인공지능의 긍정적인 측면에 점차 익숙해지고 그 진가를 인정하게 되리라 생각한다.

이 책을 탈고하기 두 달 전, 테슬라 자동차는 자율주행 모드에서 첫 인명 사고를 일으켰다. 이 사건은 사람들의 동요를 일으켰고, 이에 대한 부정적인 신문 기사와 걱정 섞인 댓글이 이어졌다.

그러나 다음 사항을 고려해 보라. 이 한 차례의 불행한 사고는 총 주행거리 수천만 마일에 이르는 자율주행 시험 중 첫 사고라는 점이다. 게다가 인간 운전사가 안전 수칙을 지키지 않았다는 증거도 있다.

실제로 자율주행 차량은 이따금씩 사고를 일으킬지도 모른다. 드물게 인명 사고도 따를 수 있다. 그러나 사람이 일으키는 사고에 비하면 몇 자리 수의 차이가 날만큼 적으리라 본다. 시간이 지날수록 학습 효과와 사물인터넷을 통한 정보 공유를 통해 테슬라 자동차의 사고 빈도는 줄어들고 더욱 안전한 차가 될 것이다. 인공지능을 무섭게 느껴지도록 만드는 바로 그 점이 인공지능을 더욱 안전하게 만든다.

자율주행 자동차는 이미 인간이 운전하는 차량보다 훨씬 더 안전하다. 자율주행 자동차가 2016년도에 일으킨 사망 사고는 단 한 건이었다. 사람이 운전하는 자동차로 인한 사고로 사망하는 인원은 미국 내에서만 매년 3만 명에 달한다.

사실상 여러 국가의 정부들이 사망과 부상 사고, 그리고 대기 오염 등의 감소를 위해 자율주행 자동차의 도입을 독려하는 중이다.

미국 교통부는 공공 도로에서 자율주행 자동차의 도입을 2020년까지 앞당기기 위한 지침을 만들었다. 2025년에는 자율주행 자동차가 대세가 되거나 적어도 보편적이 되리라 예상한다.

싱가폴에는 이미 자율주행 택시가 운행을 시작했다. 우버는 포드 퓨전 자율주행 자동차를 사용해 피츠버그에서 사람과 물건을 실어 나른다. 당신이 이 책을 읽을 즈음이면 이 같은 프로젝트가 더 많이 진행되고 있으리라 확신한다.

자율주행 자동차는 '자기운전 자동차' 또는 '로봇 자동차'로도 불리지만 업계 관계자들은 이 표현을 싫어한다. 수년 안에 만일의 사태에 대비해 사람이 운전석에 앉아 있어야만 할 필요가 없어질 것이기 때문이다. 실제로 자동차는 인공지능을 이용해 인간 주인을 섬기는 바퀴 달린 로봇이 되어가고 있다. 마치 스타워즈에서 C-3PO가 루크 스카이워커를 섬기는 상황과 같다. 또한 집 안에 있는 지능형 디지털 기기가 가족들에게 도움을 주는 경우와도 같다.

이들 차량은 말하자면 덩치가 크고 지능적인 휴대용 인터넷 기기의 일종이다. 이동 중에도 사물인터넷 망의 일부분으로 작동한다. 손에 들거나 옷에 넣는 대신 그 속에 앉아 있다는 점만 빼고는 스마트폰이나 마찬가지다.

자동차 제조사뿐 아니라 애플과 구글 같은 기술 회사들도 자율주행 자동차 경쟁에 뛰어들었다. 자동차 공유 서비스인 우버는 무인 자동차를 제공하는 첫 기술 회사가 되겠다고 공언한 바 있다.

잠시 뒤를 돌아보자

이 책을 쓰는 동안 2025년까지 헤드셋이 스마트폰을 밀어내고 대다수가 일상적으로 이용하는 휴대 장치가 되리라는 예측에 동의하지 않는 사업가들을 만나기도 했다. 그들은 제3차 변혁을 주도하는 모바일 기기를 따라잡는 일만으로도 벅찬 기업이 많다고 지적한다.

기술 선도업체가 리더의 위치에서 추락해 잊혀진 존재가 될 수 있음을 실례로 보여주기 위해 2006년 최고의 제품들을 확인해 봤다. 이 해는 아이폰이 세상을 바꾸기 직전이었다.

첨단 기술 전문 매체인 「테크크런치」의 기사를 참조해 2006년 최고의 제품 목록을 확인했다. 「테크크런치」는 화면이 끊기는 현상을 해결했다는 이유로 휴대폰 블랙베리 펄$^{Blackberry Pearl}$을 특히 선호하는 듯했다. 다른 혁신 제품 중에는 신체 동작 인식 능력을 처음으로 갖춘 엑스박스360, 당시 음악 감상의 표준이었던 CD 플레이어를 능가한 아이팟 셔플2 등이 있었다.

10년 사이에 이들 기기는 대부분 잊혀졌다. 세상이 이토록 빨리 변한 셈이다.

향후 10년의 발전은 지나간 10년간의 발전보다 훨씬 더 커질 전망이다.

책을 마무리하면서 이 이야기는 이제 시작에 불과하다는 사실을 새삼 느낀다. 우리는 기회가 닿는 대로 이 이야기를 여러분들에게 계속 전할 생각이다. 페이스북에서 계속 만날 수 있길 바란다.

로버트 스코블과 셸 이스라엘의 페이스북 페이지 주소는 각각 facebook.com/RobertScoble과 facebook.com/shelisrael이다.

마지막으로 독자 여러분께 감사의 마음을 전한다.

링크 모음

머리말

| 아더 C. 클라크 | http://www.biography.com/people/arthur-c-clarke-9249620 |

시작하며

| 미치 래트클리프(Mitch Ratcliffe) | https://www.goodreads.com/author/show/765026.Mitch_Ratcliffe |

1장

가이 가와사키(Guy Kawasaki)	http://guykawasaki.com/what-i-learned-from-steve-jobs
1,700명의 개발자	http://www.adweek.com/socialtimes/f8-1700-developers-attended-30-countries/434666
F8 콘퍼런스	https://www.fbf8.com/
다윈상(Darwin Award)	http://www.darwinawards.com/
헤드 마운트 디스플레이(HMD)	http://electronics.howstu works.com/gadgets/other-gadgets/VR-gear1.htm
포인트 클라우드	https://en.wikipedia.org/wiki/Point_cloud

이케아	https://www.youtube.com/watch?v=1S0GO5kbMYo
공간 컴퓨팅	http://www.cccblog.org/2012/09/17/from-gps-and-virtual-globes-to-spatial-computing-2020/
무미건조한 연구 백서	https://scholar.google.com/scholar?q=spatial+computing+history&hl=en&as_sdt=0&as_vis=1&oi=scholart&sa=X&ved=0ahUKEwivofHjycbOAhUDwGMKHeUTDlAQgQMlGjAA
무어의 법칙	http://www.mooreslaw.org/
존 마코프(John Markoff)	http://www.nytimes.com/by/john-markoff
인자한 기계들	https://www.amazon.com/Machines-Loving-Grace-Common-Between/dp/0062266683
암바리시 미트라 (Ambarish Mitra)	https://www.crunchbase.com/person/ambarish-mitra#/entity
지금의 인터넷보다 100배나 큰	https://gigaom.com/2015/10/30/the-next-information-revolution-will-be-100-times-bigger-than-the-internet/
블리파(Blippar)	https://blippar.com/en/
가장 높은 비즈니스 성장	http://monitor.icef.com/2014/03/the-role-of-emerging-markets-in-shaping-global-demand/
임마누엘 칸트(Immanuel Kant)	https://en.wikipedia.org/wiki/Democratic_peace_theory
개리 베이너척 (Gary Vaynerchuck)	https://twitter.com/garyvee
고프로 히어로4	https://shop.gopro.com/hero4/hero4-black/CHDHX-401.html
큐브360	http://actioncamadvisor.com/cube-360-action-camera-360-degree-price/
에릭 로모(Eric Romo)	http://www.forbes.com/sites/joshwolfe/2015/01/11/rocket-scientist-launches-into-virtual-worlds/#49084d8413de
알트스페이스VR(AltspaceVR)	http://altvr.com

2장

마샬 맥루한(Marshall McLuhan)	https://en.wikipedia.org/wiki/Marshall_McLuhan
헤드 마운트 디스플레이	https://en.wikipedia.org/wiki/Head-mounted_display
그라운드스웰(Groundswell)	https://www.amazon.com/dp/B004XOZ7K2/ref=dp-kindle-redirect?_encoding=UTF8&btkr=1
게이머의 평균 연령은 31세	http://venturebeat.com/2014/04/29/gaming-advocacy-group-the-average-gamer-is-31-and-most-play-on-a-console/
마이크로소프트 엑스박스	https://en.wikipedia.org/wiki/Xbox
소니 플레이스테이션	https://en.wikipedia.org/wiki/PlayStation
엔비디아(Nvidia)	http://www.nvidia.com/content/global/global.php
최고 사양의 스마트폰	http://www.huffingtonpost.com/2013/03/01/millennials-car-ownership_n_2789454.html
판매 개시 10분 만에 1만5천 대	http://venturebeat.com/2016/02/29/htc-sold-15000-800-vive-virtual-reality-headsets-in-10-minutes/
전 세계 게이머의 수는 12억 명	http://venturebeat.com/2013/11/25/more-than-1-2-billion-people-are-playing-games/
가정 당 평균 두 명의 게이머	http://www.theesa.com/wp-content/uploads/2015/04/ESA-Essential-Facts-2015.pdf
1976년을 그들의 출생 년도로 보는 관점	https://en.wikipedia.org/wiki/Millennials
스파크스 앤 허니 (Sparks and Honey)	http://www.sparksandhoney.com/
치명적 관대함 (Lethal Generosity)	http://www.amazon.com/Lethal-Generosity-Shel-Israel/dp/1517365899
언어를 자연스럽게 습득하는 경우와 의식적으로 배우는 경우의 차이	http://en.wikipedia.org/wiki/Second_language

언어 습득 방법이 달라진다고 한다	http://accenteraser.com/blog/5-myths-about-why-you-have-an-accent/
로마의 병사들이 배워 온 방법	http://www.albany.edu/~sw7656/
홉스카치(Hopscotch)	https://www.gethopscotch.com/
아이들에게 코딩을 가르쳐 주는 게임	https://itunes.apple.com/us/app/hopscotch-coding-for-kids/id617098629?mt=8&ign-mpt=uo%3D4
컴퓨터 비디오 게임 역사상 최다 판매	https://en.wikipedia.org/wiki/List_of_best-selling_PC_games
「게임스팟」의 추정	http://www.gamespot.com/articles/minecraft-passes-100-million-registered-users-14-3-million-sales-on-pc/1100-6417972/
마르쿠스 페르손 (Markus Persson)	https://en.wikipedia.org/wiki/Markus_Persson
첫날 15명	http://www.wired.com/2013/11/minecraft-book/
1억5천만 건 이상 업로드	https://www.youtube.com/results?search_query=Minecraft
와이어드(Wired) 지	http://www.wired.com/2013/11/minecraft-book/
마이크로소프트의 홀로렌즈	http://www.engadget.com/2015/07/08/minecraft-hololens-minecon/

3장

트와일라잇 존(Twilight Zone)	https://www.youtube.com/playlist?list=PLYkG4AyFVMHK4d9VDUH1EwaMrYaAHI3jy
최근에 발명된	http://www.economist.com/node/883706
기본 규칙	http://classics.mit.edu/Aristotle/poetics.1.1.html
샤리 프릴로(Shari Frilot)	http://www.essence.com/2016/01/21/how-sundance-programmer-shari-frilot-keeps-film-festival-diverse
선댄스 영화제	http://www.sundance.org/festivals/sundance-film-festival

디어 안젤리카(Dear Angelica)	https://www.oculus.com/en-us/blog/oculus-story-studio-previews-dear-angelica-at-sundance-2016/
오큘러스 스토리 스튜디오	https://storystudio.oculus.com/en-us/
더 버지(The Verge)	http://www.theverge.com/2016/1/26/10833340/dear-angelica-quill-oculus-story-studio-sundance-2016
아디 로버트슨(Adi Robertson)	http://www.theverge.com/2012/7/31/3172903/verge-favorites-adi-robertson
테드 쉴로위츠(Ted Schilowitz)	https://www.linkedin.com/in/ted-schilowitz-a084233
와일드(Wild)	https://en.wikipedia.org/wiki/Wild_(2014_film)
펜로즈(Penrose)	http://www.penrosestudios.com/
유진 정(Eugene Chung)	http://me.eugenechung.co/
장미와 나(The Rose and I)	https://www.buzzfeed.com/brendanklinkenberg/the-beautiful-the-rose-and-i-may-be-the-best-argument-for-vi?utm_term=.cyrx5qD8l#.psbJopkqw
알루멧(Allumette)	http://www.penrosestudios.com/stories/2016/4/13/introducing-allumette
한밤중에 개에게 일어난 의문의 사건	http://curiousonbroadway.com/
슬립 노모어(Sleep No More)	https://en.wikipedia.org/wiki/Sleep_No_More_(2011_play)
환경 연극	http://www.britannica.com/art/environmental-theatre
라이온킹(The Lion King)	http://www.lionking.com/
서클 오브 라이프(Circle of Life)	https://www.youtube.com/watch?v=GibiNy4d4gc
토탈시네마 360	http://totalcinema360.com/
민스코프 극장	http://minskofftheatre.com/
앤드류 플랫(Andrew Flatt)	https://www.linkedin.com/in/andrew-flatt-a329663

전트(Jaunt)	http://recode.net/2015/09/21/jaunts-new-65-million-round-makes-it-highest-funded-virtual-reality-startup-so-far/
월트 디즈니 이매지니어링(WDI)	http://wdi.disneycareers.com/en/default/
디즈니가 만드는 모든 것	http://fortune.com/2015/08/13/disney-imagineering-vr/
마크 마인(Mark Mine)	http://www.fmx.de/program2015/speaker/1373
상하이 디즈니랜드	https://www.shanghaidisneyresort.com/en/
아바타 랜드	http://www.slashfilm.com/avatar-land-d23-expo-2015/
스타워즈	http://collider.com/star-wars-land-concept-art-disney/
유니버설 스튜디오	http://variety.com/2015/digital/news/landmark-entertainment-looks-to-launch-virtual-reality-theme-parks-1201514371/
멀미	http://www.vrfocus.com/2014/09/vr-park-launches-steam-greenlight-campaign/
식스플랙 매직마운틴 놀이 공원	http://www.cosmicbooknews.com/content/superman-virtual-reality-coasters-coming-fix- ags#axzz428mxSacX
가상의 더그아웃	http://www.usnews.com/news/sports/articles/2016-04-08/red-sox-to-offer-fans-virtual-reality-experience-at-fenway
보이드(The Void)	https://thevoid.com/
커티스 힉맨(Curtis Hickman)	https://www.linkedin.com/in/curtis-hickman-250b40a
TED 콘퍼런스에서	http://blog.ted.com/the-future-of-virtual-reality-will-literally-spray-you-in-the-face/
고스트버스터즈 디멘션 (Ghostbusters Dimension)	https://thevoid.com/dimensions/ghostbusters
마담 투소 뉴욕 박물관	https://www.madametussauds.com/new-york/en/

서브팩(Subpac) 진동조끼	http://www.wgrz.com/news/feeling-the-beat-mitchells-story/301451247
미국 프로미식축구리그가 벌어들인 총수입	http://money.cnn.com/2015/07/20/news/green-bay-packers-revenue/
드론 경주	https://www.facebook.com/quartznews/videos/1098586363508398/?__mref=message
마치 드론 안에 앉아있는 느낌	https://www.youtube.com/watch?v=UlFpsJ_vzfl
포뮬러 원(Formula One)	https://en.wikipedia.org/wiki/Formula_One_racing
마이애미 돌핀스 팀의 구단주 스티브 로스(Steve Ross)	http://www.theverge.com/2015/8/12/9136279/drone-racing-league-one-million-backing
선라이프 스타디움 (Sun Life Stadium)	http://www.newmiamistadium.com/
알트스페이스VR(AltspaceVR)	http://altvr.com/
에릭 로모(Eric Romo)	https://www.linkedin.com/in/eric-romo-79ba641
브루스 우든(Bruce Wooden)	https://www.linkedin.com/in/brucewooden
트래킹이 지원되는 신형 무선 헤드셋	http://arstechnica.com/gaming/2016/10/oculus-working-on-wireless-headset-with-inside-out-tracking/
「비즈니스 인사이더」 지에 따르면	http://www.businessinsider.com/virtual-reality-headset-sales-explode-2015-4
TV 산업의 첫 5년간 규모보다 크다	http://www.businessinsider.com/goldman-sachs-predicts-vr-will-be-bigger-than-tv-in-10-years-2016-1

4장

스마트폰상에서 증강현실이 널리 사용될 것이라고	https://techcrunch.com/2016/07/28/pokemon-not-magic-leap/
1996년 게임보이 콘솔용 포켓몬스터 게임 발표	http://bulbapedia.bulbagarden.net/wiki/History_of_Pok%C3%A9mon

나이언틱랩스(Niantic Labs)	https://www.nianticlabs.com/
7,500만회 다운로드	http://www.usatoday.com/story/tech/gaming/2016/07/26/pokmon-go-downloads-top-75-million/87575470/
평균 일일 사용 시간이 43분	https://www.similarweb.com/blog/pokemon-go
포켓스톱(Pocket Stop)	http://www.ign.com/wikis/pokemon-go/PokeStops
스냅챗(Snapchat)	https://www.snapchat.com/
200억 달러	http://www.investopedia.com/articles/markets/081415/startup-analysis-how-much-snapchat-worth.asp
인기도 조사에서 스냅챗은 페이스북을 앞질렀다	http://www.businessinsider.com/snapchat-overshadows-publisher-and-brand-content-2016-5
미국의 스마트폰 사용자 중 60%	http://www.latimes.com/business/technology/la-fi-tn-snapchat-olympics-20160429-snap-story.html
가장 급성장 중인 소셜 네트워크	http://www.globalwebindex.net/blog/snapchat-was-the-fastest-growing-social-app-of-2014
렌즈 기능	https://support.snapchat.com/en-US/ca/lenses
정밀조준(pinpoint) 마케팅	http://shelisrael.com/3275-2/
브라이언 팬조(Brian Fanzo)	https://www.linkedin.com/in/brianfanzo
개리 베이너척 (Gary Vaynerchuk)	https://www.garyvaynerchuk.com/the-snap-generation-a-guide-to-snapchats-history/
「비즈니스 인사이더」	http://www.businessinsider.com/
버전스 랩(Vergence Labs)	https://techcrunch.com/2014/12/16/snapchat-emails-not-so-ephemeral/
오비어스 엔지니어링 (Obvious Engineering)	https://techcrunch.com/2016/06/03/snapchat-secretly-acquires-seene-a-computer-vision-startup-that-lets-mobile-users-make-3d-selfies/
오스터하우트 디자인 그룹(ODG)	http://www.osterhoutgroup.com/home

니마 샴스(Nima Shams)	https://events.bizzabo.com/awe2016/agenda/speakers/122049
동일한 경험을 제공한다고 말했다	https://www.facebook.com/RobertScoble/videos/vb.501319654/10153812695049655/?type=2&theater&notif_t=comment_mention
BMW	https://www.youtube.com/watch?v=-m7B-91KBXg
황반 변성으로 인한 시각 장애	https://www.fastcompany.com/3057360/how-odgs-smart-glasses-can-help-the-visually-impaired
앳히어 에어(Atheer Air)	http://www.atheerair.com/shop
10개의 증강현실 헤드셋 브랜드	http://www.hongkiat.com/blog/augmented-reality-smart-glasses/

5장

에드워드 올비(Edward Albee)	http://www.biography.com/people/edward-albee-9178576
메론 그리베츠(Meron Gribetz)	https://www.google.com/#q=Meron+Gribetz
동료에게 전화를 걸었을 때	https://www.ted.com/talks/meron_gribetz_a_glimpse_of_the_future_through_an_augmented_reality_headset?language=en
알렉스 킵먼(Alex Kipman)	http://www.businessinsider.com/microsoft-alex-kipman-hololens-kinect-2015-1
트림블 아키텍쳐 (Trimble Architecture)	https://trimble.squarespace.com/
케이스 웨스턴 리저브 대학교(Case Western Reserve University)	http://case.edu/hololens/
볼보(Volvo)	http://www.geekwire.com/2015/volvo-to-launch-virtual-showroom-using-microsofts-hololens-sometime-next-year/

사브(Saab)	http://saabgroup.com/media/news-press/news/2016-03/saab-and-microsoft-hololens-working-to-redefine-the-training-and-education-experience/
로우스(Lowe's)	http://www.geekwire.com/2016/microsoft-brings-hololens-lowes-kitchen-renovation-previews/
크리스 카포셀라 (Chris Capossela)	https://news.microsoft.com/exec/chris-capossela/#sm.0014emim6drif8z11td1qipjrwz0m
2016년 4월	http://www.geekwire.com/2016/microsoft-marketing-chief-hololens-totally-underestimated-commercial-interest/
소렌 하너(Soren Harner)	https://www.linkedin.com/in/sharner
세계 최대 PC 제조사	https://en.wikipedia.org/wiki/Lenovo
텐센트(Tencent)	https://en.wikipedia.org/wiki/Tencent
룩닷아이오(Loook.io)	http://www.loook.io/
2천억 달러 이상의 현금을 보유	http://www.marketwatch.com/story/apple-isnt-really-sitting-on-216-billion-in-cash-2016-01-26
한 국가인 영국보다 많은 현금을 보유	https://en.wikipedia.org/wiki/List_of_countries_by_foreign-exchange_reserves

6장

아이플루언스(Eyefluence)	http://eyefluence.com/
아이트래킹(eye-tracking)	https://en.wikipedia.org/wiki/Eye_tracking
눈으로 무언가를 보는 순간 이를 두뇌가 어떤 방식으로 처리하는가	http://repository.cmu.edu/cgi/viewcontent.cgi?article=1731&context=psychology
사지마비 환자가 화면상의 사물을 움직일 수 있게	http://www.medgadget.com/2012/07/ultra-cheap-3d-eye-tracking-for-quadriplegics-and-other-seriously-disabled-patients-video.html

스티븐 호킹의 음성 합성 시스템	http://www.businessinsider.com/an-eye-tracking-interface-helps-als-patients-use-computers-2015-9
포브(Fove)	http://www.getfove.com/
아이 인터랙션(Eye Interaction)	http://eyefluence.com/what-we-do/
두더지 잡기	https://en.wikipedia.org/wiki/Whac-A-Mole
지능형 에이전트	http://www.mind.ilstu.edu/curriculum/ants_nasa/intelligent_agents.php

2부

토마스 제퍼슨 (Thomas Jefferson)	http://www.huffingtonpost.com/jess-coleman/every-generation-needs-a-_b_1067149.html

7장

브리짓 돌란(Bridget Dolan)	https://www.linkedin.com/in/bridget-dolan-75a9b41
세포라 이노베이션 랩스 (Sephora Innovation Labs)	http://www.fastcompany.com/3043166/most-creative-people/first-look-inside-sephoras-new-innovation-lab
디지털 광고판	https://www.youtube.com/watch?v=I8Y5MDVhZDQ
구글 데이드림(Daydream)	http://www.techradar.com/news/phone-and-communications/mobile-phones/android-vr-release-date-news-features-1321245
가상현실 헤드셋 데이드림 뷰 (Daydream View)를 출시	http://variety.com/2016/digital/news/google-daydream-headset-79-dollars-1201876438/
자율주행 자동차	https://www.google.com/selfdrivingcar/
베른(Verne)	http://www.theverge.com/2016/8/3/12369460/google-maps-himalayas-android-app-game
30조 달러 규모	http://www.mckinsey.com/global-themes/winning-in-emerging-markets/winning-the-30-trillion-decathlon-how-to-succeed-in-emerging-markets

팹(Phab)2 프로	http://shop.lenovo.com/us/en/tango/?gclid=Cj0KEQjwlNy8BRC676-W0JezxbwBEiQA4Ydg0dL1Qkqggzjt102gn73wBg2rwpljhpM0vvfr_9faADQaArpC8P8HAQ&cid=us:sem%7Cse%7Cgoogle%7CAll_Products%7CNX_Lenovo_All_Products_DSA&ef_id=VMGx0QAAAeVVS1YA:20160726150212:s
조니 리(Johnny Lee)	https://www.linkedin.com/in/johnnychunglee
입체 음향을 구현하는 돌비 사운드 시스템	http://blog.lenovo.com/en/blog/behind-the-lenovo-phab-2-pro-the-worlds-first-tango-enabled-smartphone/
래리 양(Larry Yang)	https://www.linkedin.com/in/lryang
카일 넬(Kyle Nel)	https://www.linkedin.com/in/kylenel
로우스 혁신 연구소 (Lowe's Innovation Labs)	http://www.lowesinnovationlabs.com/#about
명성 높은 전문가	https://www.youtube.com/watch?v=k8tg-eL8Y68
OSH봇	https://www.youtube.com/watch?v=Sp9176vm7Co
홀로룸(Holoroom)	http://www.lowesinnovationlabs.com/holoroom/
스타트렉	https://en.wikipedia.org/wiki/Holodeck
아일411(Aisle411)	http://aisle411.com/
네이선 페티존 (Nathan Pettyjohn)	https://www.linkedin.com/in/nathan-pettyjohn-17619710
에릭 존슨(Eric Johnsen)	https://www.linkedin.com/in/ejohnsen
약 3,820억 달러 규모	http://www.forbes.com/pictures/lmj45jdlf/top-10-global-beauty-brands/#8c8f2c5ef447
로레알(L'Oreal)	http://www.lorealparisusa.com/en/beauty-magazine/makeup/makeup-looks/makeupgenius-changes-makeup-application-forever.aspx
타즈(Taaz)	http://www.taaz.com/virtual-makeover

샐리뷰티(Sally Beauty)	http://www.sallybeauty.com/makeover/virtual-makeover,default,pg.html
세포라(Sephora)	http://seph.me/2dDnG8a
1,100만 개 이상의 동영상	https://www.youtube.com/results?search_query=Beauty+tips
뷰티 토크(Beauty Talk)	http://community.sephora.com/
마이어(Myer)	http://www.myer.com.au/
최초의 개인 백화점	https://www.youtube.com/ watch?v=yAuiXhJPnr8&feature=youtu.be
바네사 화이트사이드 (Vanessa Whiteside)	http://www.hu ngtonpost.co.uk/author/vanessa-whiteside
「허핑턴포스트」에 기고한 글	http://www.huffingtonpost.co.uk/vanessa-whiteside/virtual-reality-retail_b_9608504.html
가상현실에 큰 기대를	http://www.bloomberg.com/news/articles/2016-08-24/best-buy-poised-to-be-virtual-reality-s-first-mainstream-test

8장

올더스 헉슬리(Aldous Huxley)	http://www.biography.com/people/aldous-huxley-9348198
톰 마이넬리(Tom Mainelli)	http://www.recode.net/authors/Tom%20Mainelli
「리코드」지에 이렇게 적었다	http://www.recode.net/2016/2/1/11587458/the-augmented-reality-enterprise-opportunity
30% 더 빨랐고 정확도는 90% 더 높았다	http://www.pwc.com/us/en/technology-forecast/augmented-reality/augmented-reality-road-ahead.html
다크리(Daqri) 스마트 헬멧	http://daqri.com/home/product/daqri-smart-helmet/
스트라이버(STRIVR) 연구소	http://www.strivrlabs.com/

머리를 다친 4천5백 명의 선수들	http://www.si.com/nfl/2016/09/29/nfl-concussion-lawsuit-appeal-supreme-court
1억 달러 지원 계획	http://www.cnn.com/2016/09/14/health/nfl-concussion-safety-initiative/
워리어스 팀 소속이 되는 느낌	http://www.usatoday.com/story/sports/nba/warriors/2016/07/07/kevin-durant-chemistry-culture-free-agency-golden-state-warriors/86827976/
NextVR	http://www.nextvr.com/
메르세데스는 2008년부터	http://www.wassom.com/international-summit-on-augmented-reality-in-the-automotive-industry-part-2-ar-in-industrial-processes.html
3D 글라스를 표준 장비로 보급	http://www.engadget.com/2015/11/24/volkswagen-is-issuing-ar-glasses-as-standard-factory-equipment
정보를 직접 표시	https://www.engadget.com/2014/08/19/myo-armband-smart-glasses-enterprise-solutions/
가상 전시장	http://dealervideoshowroom.com/
모든 과정에서	https://www.youtube.com/watch?v=VGtCQWROytw
안전 점검과 수리 안내	https://www.youtube.com/watch?v=S8jMgBimuxg
고객 교육과 직원 훈련	http://www.thonline.com/news/video_ceab3990-eab8-11e4-b3b7-07344067425b.html
키스 부잭(Keith Bujack)	https://www.facebook.com/RobertScoble/videos/10153852305869655/?__mref=message
우주 정거장을 수리	http://www.popsci.com/astronauts-start-using-hololens-on-space-station
흑백 영상	https://www.youtube.com/watch?v=RMINSD7MmT4
스칸스카(Skanska) 미국 법인	http://www.skanska.com/
스튜디오 216	http://www.studio216.com/

대형 프로젝트	http://www.digitaltrends.com/virtual-reality/studio216-hololens-seattle/
「테크크런치」 기사에 의하면	https://techcrunch.com/2016/02/22/virtual-reality-in-the-enterprise/
플로어드(Floored)	http://www.floored.com/
「컨스트럭션 위크 온라인」	http://www.constructionweekonline.com/article-38227-augmented-reality-and-virtual-reality-in-fm/
소더비 인터내셔널 리얼티 (Sotheby's International Realty)	http://fortune.com/2015/09/09/virtual-reality-real-estate/

9장

소설 「Fear」	https://www.amazon.com/Fear-Jeff-Abbott-ebook/dp/B00AMILB30/ref=sr_1_1?s=books&ie=UTF8&qid=1476134589&sr=1-1&keywords=fear+jeff+abbott
3조 달러를 넘어섰으니	http://www.nytimes.com/2015/12/03/us/politics/health-spending-in-us-topped-3-trillion-last-year.html?_r=0
마인드메이즈(MindMaze)	http://www.mindmaze.ch/
테즈 타디(Tej Tadi)	https://www.linkedin.com/in/tejtadi
10억 달러의 가치	http://www.forbes.com/sites/aarontilley/2016/02/17/mindmaze-raises-100-million-at-a-1-billion-valuation-for-neural-virtual-reality/#3b6eb9a87557
모션 캡처	https://en.wikipedia.org/wiki/Motion_capture
환상통(Phantom pain)	https://en.wikipedia.org/wiki/Phantom_pain
천5백만 명의 뇌졸중 환자	http://www.strokecenter.org/patients/about-stroke/ stroke-statistics/
뉴로고글(NeuroGoggles)	http://www.psfk.com/2015/03/neurogoggles-mindmaze-mindleap-virtual-reality-gaming.html
손가락에서 불꽃이 튀어나오게	https://www.youtube.com/watch?v=NoXhfHFeyPE

세계 인구의 약 1.1%	http://www.schizophrenia.com/szfacts.htm
연간 1천억 달러	http://www.ncbi.nlm.nih.gov/pubmed/26937191
아이들을 위해 가상현실 헤드셋	http://www.sfchronicle.com/health/article/For-children-in-pain-virtual-reality-offers-9176380.php?t=e8d2c11cb600af3 3be&cmpid=fb-premium
소아 암환자	https://www.tnooz.com/article/expedia-helps-some-ill-children-travel-with-virtual-reality-video
브레인게이트(Braingate)	http://www.braingate.org/
제시 설리번(Jesse Sullivan)	http://www.ric.org/research/accomplishments/Bionic/
손을 움직일 수 있게 되었다	http://www.nytimes.com/2016/04/14/health/paralysis-limb-reanimation-brain-chip.html?emc=edit_na_20160413&nlid=35299517&ref=headline&_r=1
사지마비 환자는 560만 명	http://www.techinsider.io/we-are-in-the-age-of-the-brain-implant-2016-4
수족 절단 환자는 190만 명	http://www.newsmax.com/Health/Health-Wire/quadriplegics-life-span-life-expectancy-injury/2014/03/30/id/562522/
신경공학(neurotechnology)	https://en.wikipedia.org/wiki/Neurotechnology
스위스 취리히 연방공과대학	http://www.topuniversities.com/universities/eth-zurich-swiss-federal-institute-technology
최초의 사이보그 올림픽	http://thenextweb.com/insider/2016/03/29/worlds-first-cyborg-olympics-coming/#gref
엑소 바이오닉스(Ekso Bionics)	http://eksobionics.com/product/ekso-bionics-ekso-gt/
8명의 척수 손상 환자들	https://www.newscientist.com/article/2100780-virtual-reality-helps-eight-paralysed-people-feel-their-legs/
미구엘 니코렐리스 (Miguel Nicolelis)	http://www.nicolelislab.net/

젠워스 노화 경험 (Genworth Aging Experience)	http://www.reuters.com/article/us-usa-elderly-idUSKCN0X32BF
이명	https://en.wikipedia.org/wiki/Tinnitus
미술관 직원	http://www.reuters.com/article/us-usa-elderly-idUSKCN0X32BF
골반 깊숙이 커다란 악성골종양	http://www.ncbi.nlm.nih.gov/pmc/articles/PMC2628496/
티모시 랩(Timothy Rapp)	http://nyulangone.org/doctors/1619941945/timothy-b-rapp
피에르 사데(Pierre Saadeh)	http://nyulangone.org/doctors/1760404933/pierre-b-saadeh
뉴욕주립대 랭곤 메디컬센터	http://nyulangone.org/
종양이 제거된 부위에 남는 빈 공간을 뼛조각으로 채우는	https://backchannel.com/augmented-reality-just-saved-this-patient-s-leg-so-why-aren-t-more-surgeons-using-it-7d6d4b653e0f#.svjyax1zi
소프트웨어 디자인 회사	http://www.fastcodesign.com/3058332/exploring-this-huge-virtual-heart-showed-me-the-future-of-medicine
다쏘시스템(Dassault Systemes)	http://www.3ds.com/
시뮬리아 리빙 하트 프로젝트 (SLHP)	http://www.3ds.com/products-services/simulia/solutions/life-sciences/living-heart-human-model/
심장 내부를 둘러볼 수 있다	https://www.fastcodesign.com/3058332/exploring-this-huge-virtual-heart-showed-me-the-future-of-medicine
2억 8천5백만 명의 시각 장애인	http://www.who.int/mediacentre/factsheets/fs282/en/
뉴아이즈(NuEyes)	http://www.bloomberg.com/news/articles/2016-06-02/nueyes-visionary-design-helps-restore-sight
세컨드사이트(SecondSight)	http://www.secondsight.com/
홀로히어(HoloHear)	https://www.youtube.com/watch?v=mCNsN01F1AA

앱을 열면	https://www.facebook.com/RobertScoble/videos/pcb.1015 4245558709655/10154245513894655/?type=3&theater
앰버 머레이(Amber Murray)	https://www.linkedin.com/in/amberrmurray
3억6천만 명의 청각 장애인	http://www.who.int/mediacentre/factsheets/fs300/en/
차량이 다니는 도로를 안전하게 건너는 방법	http://www.disabled-world.com/assistivedevices/computer/ vr-tech.php
상상놀이에 대해 관심을 갖도록 돕는 증강현실 시스템	https://www.cl.cam.ac.uk/~zb223/pub/bai_IEEE_TVCG_ manualscript.pdf
오티즘 스픽스(Autism Speaks)	https://science.grants.autismspeaks.org/search/grants/ neural-basis-response-virtual-reality-social-cognition- training-adults-asd

10장

해리 에드워즈(Harry Edwards)	http://www.blackpast.org/aah/harry-edwards-1942
케이스 웨스턴 리저브 대학 교(Case Western Reserve University)	http://case.edu/hololens/
클리블랜드 클리닉 (Clevelande Clinic)	http://my.clevelandclinic.org/
마이크로소프트 빌드 (Microsoft Build)	https://build.microsoft.com/
파멜라 B. 데이비스 (Pamela B. Davis)	https://case.edu/medicine/meet-the-dean/deans-bio/
신체 내부의 거의 모든 영역	http://case.edu/hololens/
사브(Saab) 사는 이 같은 방법으로 미래의 항해사들에게	https://www.facebook.com/photo.php?fbid=101542195609 39655&set=a.10150326718589655.360975.501319654&ty pe=3&theater
구글 엑스페디션 (Google Expedition)	https://www.google.com/edu/expeditions/#explore

알케미(Alchemy) VR	http://www.alchemyvr.com/alchemy-vr-and-google-bring-virtual-reality-to-classrooms-around-the-world/
버킹엄 궁전	https://www.royalcollection.org.uk/learning/resource/virtual-reality-tour-buckingham-palace
VR 뷰마스터	http://bit.ly/2enVY3x
니어포드(Nearpod)	https://nearpod.com/
세일즈포스닷컴의 CEO 마크 베니오프(Mark Benioff)	https://en.wikipedia.org/wiki/Marc_Benioff
과거와 현재의 세계적 명소를 둘러보는 현장 교육	http://fortune.com/2016/02/25/school-districts-teaching-through-virtual-reality
아폴로 11호 우주선으로 달 착륙	http://immersivevreducation.com/
유니티 비전 어워드 (Unity Vision Award)	https://unity3d.com/news/vision-vrar-awards-2016-finalists-announced
지스페이스(zSpace)	http://zspace.com/
북스 앤 매직(Books & Magic)	http://booksandmagic.com/
인어공주	http://booksandmagic.com/
알룬(Arloon) 화학	https://www.youtube.com/watch?v=DXLyBQTS5-w
넷드래곤(NetDragon)	http://www.netdragon.com/
교육 시장의 성장 잠재력이 더 크다	http://www.bloomberg.com/news/articles/2016-08-09/virtual-reality-classrooms-another-way-chinese-kids-gain-an-edge
영국의 온라인 교육 회사 프로메티안 월드 (Promethean World)	https://www.prometheanworld.com/news-events/news/netdragon-expands-globally-with-the-completion-of-promethean-acquisition
제이슨 간츠(Jason Gantz)	http://singularityhub.com/.../the-virtual-reality.../

싱귤래리티 허브 (Singularity Hub)	http://singularityhub.com/

11장

아이작 아시모프(Isaac Asimov)	http://www.asimovonline.com/asimov_home_page.html
패셔니스타	http://www.urbandictionary.com/define. php?term=fashionista
왓슨(Watson)	http://www.ibm.com/watson/what-is-watson.html
인자한 기계들 (Machines of Loving Grace)	https://www.amazon.com/Machines-Loving-Grace- Common-Between/dp/0062266683
유년기의 끝(Childhood's End)	http://amzn.to/2eLfrcj
출산율은 인구 대체 출산율 이하로 떨어진 상태	http://www.japantimes.co.jp/community/2016/02/10/ voices/japan-birth-rate-beginning-end-just-new- beginning/#.V_qHR5MrKA8
경제도 활력을 잃어가는 중	https://www.weforum.org/agenda/2016/02/japans- population-is-shrinking-what-does-it-mean-for-the- economy/
마틴 바르샤브스키 (Martin Varsavsky)	https://en.wikipedia.org/wiki/Mart%C3%ADn_Varsavsky
멋진 신세계(Brave New World)	https://www.amazon.com/dp/B00JTYQJ3K/ref=dp-kindle- redirect?_encoding=UTF8&btkr=1
촉감영화(feelies)	http://study.com/academy/lesson/feelies-in-brave-new- world.html
로저 맥나미(Roger McNamee)	https://www.facebook.com/chubbywombat?fref=ufi
디어드리 포터(Deirdre Porter)	https://www.facebook.com/deirdre.porter?fref=ufi
오슨 웰스(Orson Welles)	https://en.wikipedia.org/wiki/Orson_Welles
H. G. 웰스(H. G. Wells)	http://www.biography.com/people/hg-wells-39224

우주 전쟁	https://en.wikipedia.org/wiki/The_War_of_the_Worlds_(radio_drama)
마쓰다 케이치(Keitchi Matsuda)	http://km.cx/about/
광고 문구가 덕지덕지 붙어 있고	https://vimeo.com/8569187
상품 안내와 판촉 홍보	https://hypebeast.com/2016/5/hyper-reality-short-film
VR 소사이어티	http://uploadvr.com/vr-society-launches/
아이리나 크로닌(Irena Cronin)	https://www.facebook.com/irena.cronin
롭 톰슨(Rob Thompson)	https://www.facebook.com/robthompsonagent?fref=ufi&pnref=story
네이팜 탄을 맞아 불타는 마을을 피해 달아나는 아이들	http://www.businessinsider.com/facebook-lifts-ban-on-napalm-girl-vietnam-war-photo-2016-9
4천 달러짜리 스마트 변기인 마이 사티스(My Satis)	http://www.forbes.com/sites/kashmirhill/2013/08/15/heres-what-it-looks-like-when-a-smart-toilet-gets-hacked-video/#30adcfc12b15
랜섬웨어(ransomware)	https://www.microsoft.com/en-us/security/portal/mmpc/shared/ransomware.aspx
2016년 미국 대통령 선거를 조작	http://www.cbsnews.com/news/ ow-russian-hackers-could-disrupt-the-u-s-election/
두뇌 조작	http://www.businessinsider.com/brain-hacking-will-make-s-smarter-and-more-productive-2014-7
두개골에 통제된 전기 자극을 주거나	http://www.npr.org/sections/health-shots/2014/05/19/312479753/hacking-the-brain-with-electricity-dont-try-this-at-home
전자 칩을 이식해	http://bigthink.com/dangerous-ideas/32-implant-memory-chips-in-our-brains
시계 태엽 오렌지 (A Clockwork Orange)	https://en.wikipedia.org/wiki/A_Clockwork_Orange
로버트 워크(Robert Work)	http://www.washingtontimes.com/topics/robert-work/

로봇과 자율 운전 기계에 깊이 의존하는 전투 계획	http://www.washingtontimes.com/news/2015/apr/8/inside-the-ring-pentagon-prepares-robots-to-fight-/
개인용 살인 드론	http://kottke.org/16/08/our-tiny-autonomous-killer-drone-future

12장

칼 세이건(Carl Sagon)	http://www.carlsagan.com/
크리스티 한센 온카 (Kristi Hansen Onkka)	https://www.facebook.com/kristi.hansen.716?fref=ufi
프랜신 하더웨이 (Francine Hardaway)	https://www.facebook.com/francine.hardaway?fref=ufi
노화의 발견(Aging Revealed)	https://medium.com/@hardaway
비브 크라스케(Viv Craske)	https://www.facebook.com/vivcraske1?fref=ufi
웨슬리 포크너 (Wesley Faulkner)	https://www.linkedin.com/in/wesley83
세계 196개국	http://www.infoplease.com/ipa/A0932875.html
로봇 공학의 제1원칙	https://en.wikipedia.org/wiki/Three_Laws_of_Robotics
첫 인명 사고	http://www.nytimes.com/2016/07/13/business/tesla-autopilot-fatal-crash-investigation.html?_r=0
자율주행 자동차의 도입을 2020년까지 앞당기기	http://www.techrepublic.com/article/us-dot-unveils-worlds-first-autonomous-vehicle-policy-ushering-in-age-of-driverless-cars/
싱가폴에는 이미 자율주행 택시	https://www.bloomberg.com/news/articles/2016-08-25/world-s-first-self-driving-taxis-debut-in-singapore
우버는 포드 퓨전 자율주행 자동차를 사용	https://techcrunch.com/2016/09/14/1386711/
2006년 최고의 제품들	https://techcrunch.com/2006/12/05/crunchgears-best-of-2006/

로버트 스코블의 페이스북 (facebook.com/RobertScoble)	https://www.facebook.com/RobertScoble
셸 이스라엘의 페이스북 (facebook.com/shelisrael)	http://www.facebook.com/shelisrael

용어 풀이

[A]

인공 공감 Artificial empathy: 시각 데이터 같은 인간의 사회적 신호를 인지하고 이에 대해 마치 인간처럼 반응하는 인공지능의 특성을 말한다.

아마존 에코 Amazon Echo: 아마존이 출시한 가정용 기기로, 자연 언어와 인공지능을 통해 여성의 인격을 가진 알렉사Alexa를 내세워 가까이 있는 사람과 이야기한다. 디지털 홈 기기를 제어할 수 있고 심지어 농담을 할 수도 있다. 사용자 요구를 들어주는 기기를 일컫는 '디지털 요정'의 대표적 예다.

인공지능AI, Artificial intelligence: 디지털 기계 또는 소프트웨어를 통해 지능을 흉내 내는 것을 말함. 지능적 특성을 갖는 컴퓨터, 디지털 기기, 소프트웨어 등을 만드는 학문을 지칭하기도 한다.

증강현실AR, Augmented reality: 물리적 실제 환경을 직접적 또는 간접적으로, 실시간으로 보여주는 동시에 컴퓨터로 만들어낸 감각적 신호(소리, 동영상, 그래픽, 지리 정보 등)를 추가하는 기술을 말한다.

자율주행 자동차 Autonomous car: 주변 환경을 감지할 수 있고 인간의 조종 없이 운행될 수 있는 차량을 말한다.

[B]

두뇌 조작 Brain hacking: 두뇌 또는 중추신경계의 향상 또는 교정을 위해 신경의 구조와 기능을 조작 또는 간섭하는 방법을 말한다.

[D]

다윈상Darwin Award: 자신의 번식능력을 스스로 포기함으로써 더 이상 어리석은 DNA의 확산을 막는데 공헌한 사람들에게 주는 상으로 이른바 어이없는 죽음을 당한 사람들이나 생식능력을 잃은 사람에게 주는 상이다.

인구통계학자Demographer: 출생, 이동, 노화 등을 연구해 인구의 역동성을 이해하려는 학자를 말함. 출생, 이동, 노화 이 세 가지는 인구 변화를 비롯해 사람들이 어떻게 지구상에 분포하고 사회를 이루고 문화를 만들고 경제 활동을 하며 정보를 공유하는지에 영향을 끼친다.

디지털 요정 Digital genie: 사람의 음성 명령의 형태로 입력되는 요청을 수행하는 인공지능 기기를 일컫는 표현이다. 아마존 에코가 대표적인 예다.

정보 격차 Digital divide: 교육, 소득수준, 성별, 지역 차이로 인해 현대 정보 통신 기술에 대한 접근과 이용에 있어 차별이 발생하고 그 결과 경제사회적 불균형이 발생하는 현상을 말한다.

[E]

아이트래킹Eye tracking: 시선이 가리키는 지점 또는 머리를 기준으로 했을 때 안구의 상대적인 움직임을 측정하는 과정을 말한다. 아이트래커eye tracker는 안구의 위치와 움직임을 측정하는 기기다. 이런 기기는 시각 체계 연구, 심리학, 언어심리학, 마케팅, 인간과 컴퓨터 사이의 상호작용 시의 데이터 입력, 그리고 제품디자인 등에서 활용된다. 아이트래킹은 눈의 움직임만으로 가상의 사물을 열거나 움직이거나 조작할 수 있는 아이인터랙션eye interaction 과는 다르다.

[F]

일인칭 시점FPV, First-person view: 무선으로 조종되는 장치를 운전자 또는 조종 사 시점에서 움직이는 방법을 말한다. 원격 시점RPV, remote-person view이라고 도 하고 또는 단순히 영상 조종video piloting이라고도 부른다. 무선 조종되는 비행기 또는 다른 종류의 무인 항공기를 원격으로 조종할 때 사용된다. 장 착된 카메라의 영상을 무선으로 조종사의 디지털 헤드셋이나 영상 모니터 로 전송함으로써 일인칭 시점이 구현된다.

[G]

제트 세대 Generation Z: Gen Z로 줄여서 쓰기도 함. 밀레니엄 세대 이후에 태 어난 사람들을 일컫는 말로 대체로 1990년대 중반 이후에 태어난 이들을 말한다. 다른 표현으로는 i세대iGeneration, 홈랜드 세대Homeland Generation, 복 수세대Plurals 등이 있다. 초등학교 입학 전부터 인터넷을 사용했다는 점이 이들의 대표적인 특징 중 하나다. 이 책에서는 이들을 마인크래프트 세대, 줄여서 마인크래프터로 부른다. 이 명칭은 그들에게 코딩을 가르쳐주고 지 리적 장벽을 넘어 널리 공유할 수 있게 만든 인기 게임의 이름에서 유래 했다.

지오필터Geofilters: 위치와 시간 정보로 정의되는 증강현실상의 부가 정보를 말한다. 스냅챗에서 이용하는 기능으로 잘 알려졌지만 아일411Aisle411을 비 롯한 여러 소셜 마케팅 기술에서 활용된다.

그래픽 유저 인터페이스GUI: 그래픽 아이콘과 시각적 표시를 통해 전자기기와 상호작용할 수 있게 하는 인터페이스를 말한다. 키보드를 통한 명령어 입력 또는 메뉴 체계를 통한 문자 기반 인터페이스와 대조를 이룬다.

[H]

헤드 마운트 디스플레이HMD, Head-mounted display: 머리에 쓰거나 헬멧의 일부로 착용되는 표시 장치로써 한쪽 또는 양쪽 눈 앞에 작은 화면이 위치한다. 모든 디지털 헤드셋은 HMD에 해당한다.

[I]

지능형 에이전트IA, Intelligent agent: 사용자를 대신해서 의사결정을 할 수 있는 소프트웨어 에이전트를 말한다. 지능형 에이전트는 자신이 매번 수행하는 작업을 통해 학습을 하면서 갈수록 더 나은 선택을 할 수 있게 된다. 궁극적으로는 사용자의 행동 패턴을 깊이 이해하게 돼 사용자의 요청을 미리 예측할 수 있는 수준에 이를 수 있다.

사물인터넷IoT, Internet of Things: 전자회로, 소프트웨어, 센서, 네트워크 통신 기능이 내장된 각종 기기, 차량, 건물 등 다양한 사물들로 이뤄진 연결망을 일컫는 용어로 현재 빠른 속도로 확장 중에 있다. 이를 통해 사물을 통한 데이터 수집과 교환이 가능해진다. 사물인터넷은 제4차 변혁과 앞으로 다가올 공간 컴퓨팅의 혈관 역할을 한다.

[L]

치명적 관대함 Lethal Generosity: 셸 이스라엘의 2015년도 저서. 『컨텍스트의 시대Age of Context』의 후속작으로 모바일, 데이터, 소셜미디어, 사물인터넷, 위치 정보 기술 등의 근본적 융합이 어떻게 온라인과 오프라인 소매유통 경험을 바꾸는지를 설명했다.

[M]

매직리프Magic Leap: 최초의 가상 레티나 디스플레이 기능을 선보일 것으로 알려진 고급 혼합현실 헤드셋을 만드는 중인 미국의 스타트업 회사. 사용자의 눈에 디지털 광원을 직접 투사하는 방식을 이용해 실재 광경 위에 3D 컴퓨터 이미지를 겹쳐 보이게 만드는 것으로 알려져 있다.

허버트 마샬 맥루한 Herbert Marshall McLuhan(1911년 7월 21일 출생, 1980년 12월 31일 작고): 캐나다의 영문학 교수이자 커뮤니케이션 이론철학가이면서 대중적인 지식인이다. 그의 저작물은 미디어 이론의 주춧돌 역할을 한 것으로 평가되며, 오늘날에도 광고와 TV 산업에서 실질적으로 활용되고 있다.

의료 기술 Med Tech: 의료 목적으로 활용되는 기술을 말한다.

마인크래프트 세대 Minecraft Generation: 밀레니엄 세대를 잇는 다음 세대를 일컫는다. 전통적인 인구통계학자들은 종종 제트Z 세대라는 명칭으로 이들을 부른다. 이들은 디지털 원주민의 두 번째 세대에 해당된다.

마인크래프터Minecrafters: 마인크래프트 세대를 줄여서 부르는 표현

혼합현실Mixed Reality: 실재와 가상의 세계를 결합해 실제 사물과 디지털 사물이 공존하면서 실시간으로 상호작용하는 새로운 환경과 시각화를 구현한 기술을 말한다. 컴퓨터 이미지와 실제로 존재하는 영상을 조합한 측면에서는 증강현실과 유사하다. 혼합현실에서는 실재와 가상의 이미지가 치밀하게 결합돼 사용자가 그 둘 사이를 구분하기 어렵다는 특징이 있다.

모션 캡처 Motion Capture: 사물이나 사람의 움직임을 기록하고 이를 디지털화해서 재사용하는 과정을 일컫는다. 군사, 오락, 스포츠, 의료, 컴퓨터 비전, 로봇 공학 등에서 활용된다. 영화 제작과 비디오 게임에서는 인간 연기자의 움직임을 기록하고 해당 움직임을 디지털 캐릭터 애니메이션에 활용하는 기술을 말한다. 의료 기술 개발자들은 이 기술을 활용해 뇌가 착각을 일으키도록 만들어 통증을 줄이고 손상된 신경계를 우회하게끔 만든다.

[N]

뉴로고글NeuroGoggles: 마인드메이즈MindMaze가 만든 의료용 게임 헤드셋. 독특한 신경기술 엔진을 이용해 게임 참가자가 뇌에 명령을 내려 가상의 물체를 움직일 수 있게 만든다. 다른 어떤 방법보다도 더 빠른 조종이 가능한 것이 특징이다. 32개의 전극을 가진 그물망을 머리에 덮어 쓸 경우 의료 기기가 된다.

신경기술Neurotechnology: 뇌와 의식, 사고의 다양한 측면에 대해 이해하는 방식에 영향을 끼치는 기술을 종합적으로 일컫는 표현이다. 이 책에서는 뇌기능을 향상시키고 교정하기 위해 고안된 기술을 지칭하는 표현으로 쓰였다.

[O]

오큘러스 스토리 스튜디오 Oculus Story Studio: 몰입형 영화immersive cinema 분야를 개척하려는 소규모 영화 제작자와 게임 개발자들로 이뤄진 단체

옴니채널Omnichannel: 모든 유통 채널에서 고객들이 일관되고 연속적인 구매 경험을 할 수 있게 하는 다채널 판매 방식을 말한다.

[P]

패러다임의 전환 Paradigm Shift: 기본 사회적 행동을 바꾸는 근본적인 변화를 말한다. 예를 들면 메인프레임에서 데스크톱 컴퓨터로의 이동, 데스크톱에서 모바일 기기로의 이동, 혹은 모바일 기기에서 헤드마운트 기기로의 이동 등이 있다.

플레이스테이션PlayStation: 소니 인터랙티브 엔터테인먼트가 창안하고 개발한 비디오 게임 콘솔. 소니는 1994년에 이 브랜드를 선보였다. 현재는 네 종류의 가정용 콘솔이 판매 중에 있다. 여기에 미디어 센터, 온라인 서비스, 다

양한 컨트롤러, 두 종류의 휴대용 기기, 전화기, 그리고 여러 잡지 등 다양한 상품군이 있다.

[S]

스마트 글라스 Smart Glasses: 독립형 혼합현실 글라스를 말한다. 이 상품이 현실화되면 일반 안경과 거의 비슷한 모습이 될 것이다.

스냅챗 렌즈 Snapchat Lenses: 이것을 이용하면 스냅챗 동영상에 지오필터에 근거한 특수효과와 음향을 실시간으로 추가할 수 있다.

스테레오스코피Stereoscopy: 깊이가 느껴지게 만드는 착시 효과 기술로 양쪽 눈에 보이는 영상을 서로 다르게 하거나 서라운드 음향surround sound을 이용한다.

[V]

가상현실Virtual reality: 실재 또는 상상의 환경을 복제하는 컴퓨터 기술로 사용자의 물리적 형상을 복제해 환경 사이의 상호작용이 가능하게끔 한다. 가상현실에서 시각, 촉각, 청각, 후각 등의 감각 경험을 인공적으로 만들어내기도 한다.

비주얼 웹 Visual Web: 텍스트뿐만 아니라 이미지를 통해 인터넷 검색을 가능하게 만드는 콘텐츠를 통칭하는 표현이다.

[W]

왓슨Watson: IBM이 만든 자연어 형식으로 된 질문들에 답할 수 있는 인공지능 컴퓨터 시스템. 현존하는 컴퓨터 중 최고의 지능을 가졌다고 알려졌다.

[X]

엑스박스XBOX: 마이크로소프트가 만든 비디오 게임 브랜드. 이 브랜드에는 앱(게임), 스트리밍 서비스, 그리고 엑스박스 라이브라는 온라인 서비스도 포함된다.

[Z]

지 세대 Zees: 제트 세대Generation Z의 줄임말

| 감사의 글 |

우리처럼 자비 출판을 하는 사람은 일반 저자들과 다른 점이 몇 가지 있다. 우선 책의 편집, 디자인, 제작 과정에 필요한 전문가들을 모아 하나의 팀을 구성하려면 직접 발로 뛰어야 한다. 그리고 자료와 아이디어와 의견을 얻기 위해서는 지구촌 곳곳에서 도움을 얻어야 한다.

먼저 우리가 구성한 팀원을 소개하고 싶다. 오래 함께 했던 이들과 더불어 눈에 띄는 신규 팀원 한 명이 있는데 그는 우리 자비 출판 팀에서 매우 소중한 역할을 해줬다. 그 사람부터 소개를 시작하겠다.

- **조시 버노프**Josh Bernoff 콘텐츠 편집자. 책 네 권을 저술한 작가이기도 한 그는 우리가 방황하지 않도록 붙잡아 주고, 정확성에 관한 엄격한 기준을 제시해 주었다. 우리가 지나친 열정에 치우치지 않고 균형 잡힌 시각을 유지하도록 도와줬다. 이 책 제목은 그의 제안에 따랐다. 그는 거의 불가능해 보이는 마감 날짜를 지켜내고, 하루가 다르게 발전하는 분야를 다룬 이 책의 시사성이 유지될 수 있게 수많은 변경 사항을 감내해 주었다. 그는 많은 기여를 해줬고 이에 대해 우리는 깊은 고마움을 느낀다.
- **멀리나 맥거번**Merlina McGovern 부지런하면서도 배려심 많은 멜리나 덕분에 우리의 불완전한 문장 속 오류와 모순을 바로 잡을 수 있었다.

- **폴라 이스라엘**[Paula Israel] 셀 이스라엘이 저술하거나 공저자로 참여한 7권의 책에서 공포의 '배우자 검증' 과정을 그녀가 맡아주었다. 그녀는 전문 용어를 걸러내 우리가 무슨 이야기를 하려는지 독자들이 쉽게 이해할 수 있도록 도와줬다. 우리는 유용한 내용을 쓰려 했지만 이 책이 흥미로운 책이 된 결과물은 그녀 덕분이다.

- **숀 웰치**[Shawn Welch] 숀이 내부 디자이너와 아마존과의 연락 역할을 맡아준 것이 이번이 세 번째다. 그는 자비 출판에 관한 전문가로서 자비 출판에 관한 책을 써도 될 정도다. 실제로 그는 해당 분야에 관한 책을 내기도 했다. 그가 공저자로 참여한 『APE: Author, Publisher, Entrepreneur』(Nononina Press, 2013년)라는 책은 갈피를 잡지 못하는 저자들을 위한 비공식적 안내서인데 우리가 책을 쓸 때마다 참조하고 있다.

- **니코 니코메데스**[Nico Nicomedes] 『컨텍스트의 시대[Age of Context]』 표지를 디자인한 그에게 이 후속작 표지 디자인을 의뢰한 것은 당연한 일이었다. 우리는 이전 책의 시각적 분위기를 계속 이어가고 싶었다. 니코는 유쾌하고, 재빠르고, 재능이 많아서 뜻하는 바를 어떻게 표현해야 할지 모르는 저자들에게 딱 원했던 결과를 제시해줬다.

- **제프리 케이퍼**[Jeffrey Kafer] 세 번 연속으로 제프리를 우리 저서의 오디오북 낭독자로 모실 수 있어서 기뻤다. 그는 오디오북 낭독의 전문가다. 오더블[Audible]과의 협력 책임자로서 그는 우리의 오디오북을 담당했다. 오디오북은 우리 출판 사업 중 가장 빠르게 성장하는 분야다.

- **케럴린 이브 램버트**Karelyn Eve Lambert. 우리의 원격 비서virtual assistant
  인 그녀는 과거 세 권의 저서를 만드는 동안 문장 교정, 다양
  한 내부 업무를 챙기는 만능 해결사, 주문 배송 아웃소싱 업
  무의 코디네이터 역할을 해줬다. 그녀는 우리 업무의 빈틈을
  메워주는 접착제 역할을 했다.

우리는 이들 팀원들의 덕을 톡톡히 봤다. 만약 당신이 자비 출판
을 하려 한다면 기꺼이 이들을 소개시켜 주겠다. 단 폴라 이스라엘
은 제외다. 그녀는 우리와 독점 계약을 맺은 상태니까.

이어 우리에게 도움을 준 지구촌 이웃들을 소개할 차례다. 2005
년에 우리는 『블로그 세상을 바꾸다Naked Conversations』 초판 원고 전체
를 우리 블로그에 공개했다. 책을 내면서 그런 일을 한 사람은 우리
가 처음이었다. 그 때 이후 우리는 소셜미디어, 특히 단골인 페이스
북에 줄기차게 새로운 내용을 올렸다.

우리가 이런 일을 하는 데에는 몇 가지 이유가 있다. 첫 번째로,
페이스북 친구들은 아이디어, 인맥 소개, 오류 수정, 조언 등을 제공
해 주는 소중한 원천이었다. 인정사정 보지 않는 경우도 있지만 언
제나 건설적인 도움을 주었다. 왜 책이 안 팔리는지 오리무중으로
지내기보다 책 표지가 끔찍하다는 직언을 페이스북을 통해 받는 편
이 훨씬 낫다.

그 해 우리가 발췌문, 제안 요청, 초고 등을 올리면서 사람들의
조언을 공개적으로 구했을 때 천 명 이상의 사람들이 답글을 남겼
다. 그런 의견들을 참고로 우리는 글을 쓰고 또 고쳐 썼다.

답글을 남긴 모든 이들에게 감사한다. 여러분들과의 대화가 길
잡이가 돼 줬다.

이 지구촌 이웃들 중에 이 책에 언급된 내용에 대한 구체적인 아이디어와 제안을 준 이들이 있다. 이들을 한 명씩 소개하며 특별한 감사를 표시하고 싶다.

- 로렌트 하우그Laurent Haug
- 제리스 JC 밀러Jeris JC Miller
- 셸 홀츠Shel Holtz
- 롭 마워리Rob Mowery
- 브라이언 하야시Brian Hayashi
- 마이클 마크맨Michael Markman
- 브렛 킹Brett King
- 피터 더슨Peter Dawson
- 줄리앙 블린Julien Blin
- 예바 로버츠Yeva Roberts
- 진 디일Gene Deel
- 제이슨 티보Jason Thibeault
- 크리스토퍼 펜Christopher Penn
- 스캇 몬티Scott Monty
- 리처드 빈해머Richard Binhammer
- 켈리 트레셔Kelly Thresher
- 다니엘 마르숑Daniel Marchand
- 제레미 라이트Jeremy Wright
- 오피르 구텔존Offir Gutelzon
- 켄 시그만Ken Siegmann
- 윌 페이트Will Pate

- 비브 크라스케Viv Craske
- 모즈타바 타바타바이에Mojtaba Tabatabaie
- 마크 스탈만Mark Stahlman
- 라이오넬 멘차카 주니어Lionel Menchaca Jr.
- 섀넌 존 클라크Shannon John Clark
- 샌디 애덤Sandy Adam
- 니나 스테파니Nina Stephanie
- 아이작 피고트Isaac Pigott
- 데니스 유Dennis Yu
- 데이건 헨더슨Dagan Henderson
- 짐 미나텔Jim Minatel
- 로저 맥나미Roger McNamee
- 디어드리 포터Dierdre Porter
- 아이리나 크로닌Irena Cronin
- 마크 캔터Marc Canter
- 다네트 제이브Danette Jaeb

혹시 우리가 당신의 이름을 빠뜨린 경우 Shelisrael1@gmail.com으로 알려준다면 다음 번 수정 판에 추가하겠다.

찾아보기

에이콘출판의 기틀을 마련하신 故 정완재 선생님 (1935-2004)

제4차 변혁
증강현실과 인공지능이 모든 것을 바꾼다

인 쇄 | 2017년 4월 21일
발 행 | 2017년 4월 28일

지은이 | 로버트 스코블, 셸 이스라엘
옮긴이 | 정 순 욱

펴낸이 | 권 성 준
편집장 | 황 영 주
편 집 | 나 수 지, 이 지 은, 양 아 영
디자인 | 박 주 란

에이콘출판주식회사
서울특별시 양천구 국회대로 287 (목동 802-7) 2층 (07967)
전화 02-2653-7600, 팩스 02-2653-0433
www.acornpub.co.kr / editor@acornpub.co.kr

ISBN 978-89-6077-983-9
http://www.acornpub.co.kr/book/fourth-transformation

이 도서의 국립중앙도서관 출판시도서목록(CIP)은 서지정보유통지원시스템 홈페이지(http://seoji.nl.go.kr)와
국가자료공동목록시스템(http://www.nl.go.kr/kolisnet)에서 이용하실 수 있습니다.(CIP제어번호: CIP2017009517)

책값은 뒤표지에 있습니다.